新青年
新奋斗

人民日报政治文化部◎编

人民日报出版社

北 京

图书在版编目（CIP）数据

新青年　新奋斗 / 人民日报政治文化部编 . -- 北京：
人民日报出版社 , 2024.5
　　ISBN 978-7-5115-8269-0

　　Ⅰ . ①新… Ⅱ . ①人… Ⅲ . ①思想政治教育－中国－
青少年读物 Ⅳ . ① D432.62

中国国家版本馆 CIP 数据核字 (2024) 第 081647 号

书　　　名：新青年　新奋斗
　　　　　　XINQINGNIAN XINFENDOU
作　　　者：人民日报政治文化部

出 版 人：刘华新
策 划 人：欧阳辉
责任编辑：周海燕　孙　祺
装帧设计：元泰书装
出版发行：人民日报出版社
社　　址：北京金台西路 2 号
邮政编码：100733
发行热线：(010) 65369509 65369512 65363531 65363528
邮购热线：(010) 65369530 65363527
编辑热线：(010) 65369518
网　　址：www.peopledailypress.com
经　　销：新华书店
印　　刷：大厂回族自治县彩虹印刷有限公司
法律顾问：北京科宇律师事务所 (010) 83622312

开　　本：710mm×1000mm　　　1/16
字　　数：240 千字
印　　张：17.5
版　　次：2024 年 7 月第 1 版
印　　次：2024 年 7 月第 1 次印刷

书　　号：ISBN 978-7-5115-8269-0
定　　价：48.00 元

前　言

奋斗是青春的底色

　　"新青年"，一个光荣的名字。轻轻念出它，100多年前的文字如惊雷如奔马般汹涌而来："青年如初春，如朝日，如百卉之萌动，如利刃之新发于硎，人生最可宝贵之时期也。青年之于社会，犹如新鲜活泼细胞之在人身……"

　　救亡，启蒙，强国。一代代中国青年，将民主与科学的旗帜举过头顶，将家国天下的情思埋于胸中，接续奋斗，所念兹在兹并孜孜以求者，无非追寻民族复兴之途。

　　回望历史，让我们更加清晰现在的方位。当代青年是无比幸运的一代，也是责任重大的一代。实现伟大梦想，路径已然清晰，我们将见证"两个一百年"奋斗目标的实现，我们的人生将与中华民族伟大复兴紧密相连。唯有牢记责任，才能无愧历史重托。

　　青春不可无梦，理想何处绽放？唯有奋斗。奋斗是青春的底色。"不干，半点马列主义都没有"、"空谈误国，实干兴邦"，这些镌刻在历史书页上的警句昭示我们：唯有踏实肯干，才能托举青春梦想。

　　国家发展为青年奋斗创造了条件，艰巨任务为青年发展提供了舞台。

但条件并非完美，任务着实艰巨，事业召唤青年走上前去。越是艰巨的任务、越是严峻的挑战，越能激发青年的创新热情和创造潜力。历史洪流滚滚向前，青年人唯有勇敢担当，才能赢得未来。

人民日报《新青年》周刊自创刊以来，热情礼赞青春的力量，用新闻报道传递青春的能量；真诚表达青年的心声，以充满朝气锐气的时代精神服务青年。设置的"青年热线""青年观""青春派""青年驿站""青春之声""青春日记"等栏目，竭力理解青年、支持青年、到青年中去，为青年喝彩、为青年呐喊、为青年服务，力求成为新时代青年表达主张、释放诉求的平台。

为更好满足读者需要，人民日报政治文化部按时间顺序，精选党的十八大以来《新青年》周刊文章120余篇，汇编成《新青年 新奋斗》一书，以飨读者。

目 录

CONTENTS

当谈论梦想时　我们谈论什么

沐　沂

　　梦想，一个宏大的词。宏大到当我要写它时，都不得不用这样流行的句式来接近它——当我们谈论梦想时，我们谈论什么？"有梦想，有机会，有奋斗，一切美好的东西都能够创造出来。"习近平总书记在十二届全国人大一次会议闭幕会上的一番话，给我们以启发。

　　我们当然要谈论梦想本身。有人说梦想是件奢侈品，它离现实很远，离现在更远。生活的重负，现实的"骨感"，会让梦想变成一个想起来就心酸的东西，于是很多人选择把梦想裹起来，放到一个自己都不轻易触摸的角落。可当周星驰在你笑得前仰后合时，突然冒出一句："做人如果没梦想，跟咸鱼有什么分别？"会不会让你的心怦然一动？而他的电影偏偏讲了一个"有梦想连咸鱼都会翻身"的故事。也许你会说，那毕竟是电影。可那个叫李安的电影人今年第二次捧起了奥斯卡小金人，他获奖感言的题目便是《有梦想才能举起奥斯卡》。而年轻时，太太一句"要记得你心里的梦想。"让他感恩至今。

　　年轻人要多谈谈梦想。"心里像突然起了一阵风，那些快要淹没在庸碌生活里的梦想，像那个早上的阳光，一直直射进我的心底。"李安的话动人心魄。大凡成功者的励志故事里，"梦想"从不缺席。我们或许可以从中总结经验：即使没有别人提醒，自己也要时时温习那最初的梦想；即使时机不成熟，也可以把现在作为梦想的一环。因为有梦想就有力量，为梦想工作是幸福的，也最容易收获成功。

　　我们还要谈论机会。习近平总书记在讲话中提出三个"共同享有"："共同享有人生出彩的机会，共同享有梦想成真的机会，共同享有同祖国和时代一起成长与进步的机会"。质朴的话蕴含着深意，背后都是大词：平等、公平、正义。如何让人生出彩？要让每个人都享有平等的发展权，一样宽阔的追梦平台。一个成熟的社会形态，要能够孕育出多彩的梦想，并能为梦想生长提供空气、水与阳光。中国不缺少机会，民族寻梦提供了广阔的发展空间，但仍需要更加公平的制度和环境，让"显规则战胜潜规则"，让竞争不再陷入无序和失序，让向上流动的路不会阻塞变窄，从而实现一个开放社会的目标：权利公平、机会公平、规则公平。

　　"永远别说永远，凡事都有可能。"这又是一部电影里的名言，一部温暖的电影——《放牛班的春天》。落魄音乐家马修在梦想失落的最低谷，遇到一群问题少年，他打破了自己不再创作的誓言，用音乐重燃了孩子们的希望与梦想。互相遇见，对彼此都是一个春天。因而，面对生活的残酷，抱怨最无益处，坚持走下去总会遇到属于自己的人生机会，也许就在下一个转角处。

　　机会总是垂青有准备的人，这准备便是奋斗。当我们谈论梦想，我们必须谈论奋斗。一位哲人说，梦想永远是现在时，而决非将来时！中国人讲，天行健，君子以自强不息。孔子在追逐梦想的路上看到一条河，感慨道："逝者如斯夫，不舍昼夜。"这里面有时光流逝的紧迫感，更有不舍昼夜奋斗的自我明志。圣人犹如此，何况吾辈？古往今来，我们看到太多受梦想牵引而忘情奋斗的人；但在身边，我们却常可以看到把梦想当"念头"的人。一念起时，豪情万丈；时过境迁，却仍是自怨自艾。梦想，应该更像我们对一生的承诺，必须严肃认真地面对它、实践它。

　　"我们都在阴沟里，但仍有人仰望星空。"英国作家王尔德说。也许我们不得不相信最终仰望星空的是少数人，但我们必须时时仰望，因为有了星光指引的人生路，会更加有趣和完满。

（《人民日报》2013 年 3 月 26 日第 19 版）

莫让青春染暮气

白 龙

　　似乎在一夜之间，80后一代集体变"老"了。先是怀旧。他们唱着"老男孩"，感叹消逝在记忆里穿着海魂衫皮凉鞋的夏天，怀念看过的连环画，还有那些年一起追过的女孩。再是叹老。一群在父母看来还是小孩的80后，在比自己更小的小孩面前大叹"老了""心好累，感觉不会再爱了"……

　　是什么，让本该朝气蓬勃的年轻一代变得暮气沉沉？

　　不可否认，那些看似"矫情"的吐槽，背后有着一言难尽的青春滋味。和父辈们相比，青年一代有着无可比拟的生活条件和成长环境，但时代也制造了新形式的磨练。成长于改革开放年代，他们的童年拥有动画片和汽水，也有做不完的作业；他们比父辈拥有更加宽广的人生选择，也面临前所未有的激烈竞争；他们栖身上一代人从未经历过的网络时代和工业文明，也品尝着城市化带给个体的无助和压力；他们踏入了一个有着空前流动性的社会，也遭遇着精神上的迷茫和认同感的缺失……

　　对身处这样一个变革时代的年轻人而言，生活就像一部不断加速的跑步机。它一方面代表了某种值得追求的生活品质，另一方面也意味着不提速就要被甩下来。更令人担心的是，你跑了半天，却不知道目的地在何方，不断地奔跑，换来的只是显示屏上一连串的数字。在这样的处境中，不管是怀旧还是叹老，表达的都是一种面对压力时，对记忆中美好过去的乡愁。

如果说"叹老"只是情绪的释放和吐槽，那么精神上的"早衰"就值得警惕了。"早衰"的年轻人，有时会显得和"成熟"很像，举手投足都无比正确，接人待物都恰如其分，说话谈吐都深思熟虑。但总让人觉得少了点什么。

少了点什么呢？想来想去，原来是少了年轻人的朝气和锐气。年轻人不应该是敢想敢干吗，不应该是直抒胸臆吗，不应该是敢为风气先吗，为什么眼前的这个年轻人像是从少年直接迈入了中年？

奥地利作家茨威格在回忆一战前太平时代的欧洲时，曾经描写过一个颇堪玩味的现象：刚从医学院毕业的年轻医生都已蓄起大胡须戴上金丝边眼镜，而他们之所以这样做，仅仅是为了给患者留下"有经验"的印象。年轻，成为发展的障碍，年老却成了有利条件。

对年轻人的不信任遍及了当时所有的社会阶层，人们完全忘记了莫扎特和舒伯特都是在30多岁时就完成了奠定自己一生荣誉的作品。一股沉沉的暮气，笼罩在当时的社会之上。年轻人的扮老和早衰，无非是这一社会活力渐趋迟暮的表现。

年轻人有朝气，社会就有朝气；年轻人有光明的前途可奔，社会的未来就一片大好。扫除笼罩在社会上、徘徊在青年人心头的暮气，需要社会对他们敞开更多的机会之门，提供更公平的竞争环境，更广阔的上升空间。正如习近平同志所说，"为青年驰骋思想打开更浩瀚的天空，为青年实践创新搭建更广阔的舞台，为青年塑造人生提供更丰富的机会，为青年建功立业创造更有利的条件。"让年轻成为资本而不是不足，让锐意进取、活力四射的青年精神成为社会风尚。

"少年心事当拏云，谁念幽寒坐呜呃。"青年在时代的召唤前应当奋起，更有担当和责任感。当代青年的父辈和兄长们，已经率先垂范，用枕戈待旦的奋斗精神，换来了令世界惊叹的中国奇迹。时代转轮的指针已经落在当代青年人的身上，国家的命运也是青年的命运，担负起这一使命，青年人责无旁贷。

（《人民日报》2013 年 5 月 14 日第 19 版）

善于"养静"

王慧敏

办公室里，如果你有位同事一天到晚喋喋不休，你的感觉会是怎样？饭桌上，如果有个人自始至终在那里唠叨个不停，你的感觉会是怎样？大学毕业，同宿舍的同学好不容易才碰了一次面，可一直是张三在那里哇哩哇啦，你的感觉又会是怎样？

不用说，大多数人会和我有一样的感觉：不爽！因为这事往小里说，是对他人不够尊重；往大里说呢，是对他人话语权的侵犯。"宁做泥里藕，不做水上萍""芯大蜡烛不经点""水上漂油花，有油也有限""说话呱呱的，办事瞎瞎的"……民间这些谚语，正是对这种人的讽刺与规劝。

说到"静"，很多人会认为这是老年人的事，与年轻人无涉。年轻人嘛，就应该心直口快，率性而为！年轻人因为草率说错了话，办错了事，人们也常以"还年轻嘛"予以谅解。

有了很多人生的阅历，我倒是想告诉年轻朋友：年轻人更应该学会"养静"。不走脑子信口开河，不假思索盲目去做，是成长之大害。人的很多习惯，都是从年轻时候养成。

《论语·为政》有这么一段话："多闻阙疑，慎言其余，则寡尤；多见阙殆，慎行其余，则寡悔。"意思是"多听别人说话，把你觉得可疑的放在一旁，其余的，也要谨慎地说，便少过。多看别人行事，把你觉得不安的，放在一旁，其余的，也要谨慎地行，便少悔。"

仔细想一想，这些话是不是很有道理：说的每一句话都经过了深思熟虑，自然会更靠谱；做任何事都三思后行，定能减少冲动，减少失误。一个人总是说对的话，做对的事，立足社会就有了保证。西北有句土话说得好："少说话威信高，多吃馒头身体好。"

相反，想到哪里说到哪里，口不择言，你痛快了，别人受伤了。如果一个人总是弄得周围鸡飞狗跳，总是不停地耗费精力去消弭矛盾，能走得更远吗？人常说童言无忌，恰恰说明孩子还没长大，还需要磨砺。

清中兴名臣左宗棠在这方面应该是有深切体会的。收复新疆、立下了不世之功的他，在生命的暮年谆谆教导子侄辈要"寡言""养静"。他在家书中反思，自己年轻时"气质粗驳，失之矜傲。"虽然"颇思力为克治，然而习染既深，消融不易。"痛定思痛后，他说"此吾病根之最大者。现已痛自刻责，誓改前非，先从寡言、养静二条做起。"

其实，养静，不独对于个人立身，对周边和睦、社会和谐也良有益焉！

知道自己该说什么，什么时候说，才是个成熟的人。少说多听，少说多干，是一种人生境界，更是一种处世艺术。年轻朋友切记：要想顶天，首先必须立地。只有"涵养""致知"，只有站在了现实的土地上，才能拔地而起。

（《人民日报》2013 年 7 月 17 日第 19 版）

与其抱怨　不如改变

张　洋

　　青年人的一个显著特征是充满朝气。但是，有一些年轻人却经常充满怨气：或怨风气不正，流弊盛行，抱怨"好人难寻"；或怨社会不公、贫富不均，抱怨"投错了胎"；或怨际遇不顺、前途迷茫，抱怨没有奔头；或怨提拔太慢、待遇不高，抱怨人生乏味；或怨无爹可拼、孩子无为，抱怨独木难支。凡此种种，怨气十足，全无一点快乐。

　　人活在现实生活中，总能找到让人生气的理由。但是，当我们生气时，能否扪心自问，生气就能解决问题吗？抱怨就能改变现状吗？答案当然是否定的。当抱怨成为一种习惯、一种风气时，不仅会给心灵蒙上阴影，而且更加无益于我们的成长。

　　我有一个亲戚，她初中尚未毕业，就被父母"派"到北京练摊；刚到适婚年龄，就被父母"包办"婚姻。本期望过上平安日子，可老天再次捉弄了她，她的孩子身患重病。于是，为了给孩子凑钱治病，她不得不选择远行。

　　如今，时过境迁，她在西南边陲扎根了，孩子正常上学了，自己经营着几个店铺，日子终于过得有滋有味起来。

　　常有人向她感叹，"你的命真苦。"可她总是笑道，"你瞎说，我天南海北都去过。"这些年，她从未抱怨过什么，只是在努力改善生活，她经常挂在嘴边的就是那句经典，"冬天来了，春天还会远吗？"

的确，人生就像一年四季，有春日的桃红柳绿，也有深秋的落叶伤情，还有冬日的灰暗寒冷。既然大家都明白"人生不如意事十之八九"，为什么还要苛求人生的一路顺风呢？为什么不可以把那些落叶伤情、灰暗寒冷看作是命运的馈赠呢？人生真的无需太多抱怨。

进而言之，尽管社会存在着一些不公平、不合理现象，但不可否认的是，这是一个自由开放、充满机遇的年代，只要努力打拼，人人皆有可能成功。试想，假如我的那位亲戚终日因为"无爹可拼"而怨天尤人，因为"命运多舛"而郁郁寡欢，她和她的孩子会有今天的幸福生活吗？

抱怨、抱怨，"抱"不来金砖。与其抱怨，不如改变。也许少了一些抱怨，就会多一些清醒，就会认清现实中的问题，就会看清自身的不足。也许少了一些抱怨，就会多一些务实，就会以更加豁达的风度直面人生，以更加谦虚的态度对待学习，以更加热情的双臂拥抱生活。

社会是由一个个鲜活的个体组成的，当总是抱怨社会时，我们是否应该问问自己能为这个社会做些什么。如果把社会比作疾驰的列车，今天，火车跑得快不快，不完全是靠车头带的。传统的列车靠车头带，最快也不过每小时100多公里。现代列车是动车组，好多车厢都有动力，速度能达到每小时300多公里。让我们摒弃等着车头带的传统思维，树立争做动车组的现代理念，少一些抱怨，多一些行动，努力为社会增添动力，为人生演绎精彩！

（《人民日报》2013年7月30日第19版）

常问问自己长好"骨头"了吗

王慧敏

在报社南区住时，曾结识了楼下地下室里的张姓一家。

户主高高的个子，一脸的淳朴，大家都叫他大张。大张究竟在报社干什么，我一直没弄清楚。从他油渍麻花的工作服看，应该是重体力活。他的爱人很瘦弱，是小区里的清洁工，每天天蒙蒙亮就见她拿着一把比她个头还高的大扫把呼啦呼啦扫大院。

他们住的那种地下室，有两尺左右露出地面——开个窗子通气，其余的部分全在地下。地下室里住的大都是报社的临时工。

结识大张一家，缘于他的儿子亮亮。我们这座楼在小区的最北边，隔着一堵墙就是报社的大院。小区里的孩子放学后经常翻墙到大院玩耍。于是，墙上不时出现豁口。后勤单位刚刚砌好，未久，豁口重现。

有时见孩子们翻墙，我会做出生气状吼一声。孩子们呢，顽皮地做个鬼脸，依然我行我素——这些半大的伢儿，正是人嫌狗不待见的年龄。

时间久了，一个瘦瘦弱弱的小男孩引起了我的注意：从未见他翻墙，每次都是绕上一大圈从报社的正门走进大院。见了人，总是甜甜地打声招呼。他就是亮亮。

起初，我以为这个孩子不翻墙是因为胆子小。可是有一次，几个孩子踢球时皮球落到了高高的白杨树的树杈上。那一天，风很大，树梢随风大幅度摇来晃去。孩子们你看看我，我看看你，谁都不敢爬树去拿。

这时亮亮放学路过，他脱下鞋子噌噌噌就爬了上去。因为球卡得太紧，捅不下来，他便攀着头顶细细的树枝荡秋千般朝球端去。那一幕，看得我心惊胆战。

地下室光线不好，亮亮每天放学后都会趴在我门口的乒乓球台上写作业。一次，路灯已经亮起来，见他还在那里趴着，我隔窗问他怎么还不回家，他说有一道题没做出来。《新闻联播》都完了，他依然伏在那里。我有些不落忍，走过去问他："要不要叔叔帮你？"他朝我笑笑，坚定地说："老师说了，要独立完成作业。"

听邻居讲，不但在班里、就是在全年级，亮亮年年考试总是第一名。

北京多风，晾在阳台上的衣服经常会吹落在地上。每次只要我喊一嗓子，亮亮就会欢快地帮我捡起来送上楼。我总觉得欠了孩子一份情。

不久机会来了。那一阵子，小区里的孩子们流行玩滑轮鞋——就是鞋子底部装有四个小轮子，像溜旱冰那样在马路上荡来荡去。毕竟是个孩子，亮亮也喜欢玩。不过，别人的行头，都是正宗的品牌，配有颜色鲜艳的防护手套、护膝、护肘、头盔。而亮亮的，显然是大张给做的——一块木板上用铁丝缀了四个轴承，木板另一面和平时穿的旅游鞋缝合在一起。护膝、护肘也都是用三轮车的外胎做的。看着人丛中亮亮的另类设备，我心里很不是滋味。

有一次上街，我专门拐到了儿童用品商店。商家给我推荐了一套叫"旋风"的牌子，价格400多元，护膝、护肘、头盔一应俱全。我兴冲冲拿给亮亮。孩子很高兴，眼睛闪着亮光，反过来复过去摆弄了好大一阵子，不过，最后又递还给了我："谢谢叔叔，爸爸不让我要别人的东西。"

任凭我怎么说，孩子就是不拿。我只好去找大张。这个憨厚的汉子，态度和儿子一样坚决。他搓着骨节粗大的手嘣出这样一句话："从小，就要让他长好'骨头'。"

20年过去了，随着工作的变动，和大张一家早失去了联系。不过那句"长好'骨头'"的话，始终响在耳畔。前不久，我的一个朋友向我诉苦："孩子刚参加工作，最近给他买了辆十多万的迈腾。可他很不高兴，说一起参加工作的好几个人都买了宝马，觉得没面子。"我找了朋友的孩子，给他讲了"骨头"的故事。孩子似有所悟！

人的一生中，磕磕绊绊的事非常多，碰到的各种诱惑也很多，当你身心疲惫时，当你义利之间难以选择时，能否守住做人的底线，"骨头"是关键。

只有长好了"骨头"：为官，你才会"公而忘私，国而忘家"；为学，你才会"板凳要坐十年冷，文章不写一句空"；为商，你才会"立信行仁，童叟不欺"；即使做个平头百姓，你也能"端端正正做人，规规矩矩办事"……

生活中，请经常问问自己："长好'骨头'了吗？"

（《人民日报》2014年1月7日第19版）

信仰如果缺失　人生就会迷失

杨　暄

　　跟一位刚学成归国的小青年聊天，他说在国外的时候，和小伙伴一起"粉"了一首歌，叫《不变的信仰》。听名字就知道很"主旋律"的歌，怎么进入了这些"80后""90后"的曲库？我有些纳闷。

　　看我将信将疑的样子，他竟哼唱了起来："一身正气敢闯万里征途，两袖清风我把心灵守护。不变的信仰是旗帜飞舞，为人民服务是心灵归宿。"旋律激昂，的确有鼓舞人心的力量。小青年说，海外学习生活辛苦孤独，特别需要精神上的振奋与共鸣。大家觉得这首歌旋律轻快，歌词朴实，便传唱了起来。临了，他重重地补充了一句："信仰如果缺失，人生就会迷失，我们这些海外学子，感触太深了。"

　　信仰如果缺失，人生就会迷失。这句话，说得真好。

　　信仰，对当下不少青年来说，是个有些"高大上"的词，有人说它太高，有人说它太老，它被置于高台之上，被留在书本里边，人们敬而远之，远而忘之。信仰，变得陌生。

　　也有一些青年说，生活就是午后阳光小清新，轻松惬意很美好，何必那么苦那么累那么伟大，我的生命里承受不了那么多沉重。信仰，变得轻飘。

　　更多青年说，票子、房子、车子就是信仰的"三位一体"。走终南径、攀青云梯、名利缠身、一路狂奔。得意时，一日看尽长安花；失意时，秋天漠漠向黄昏。信仰，变得现实。

有人辩解，社会"病"了，干吗让青年吃"药"？的确，功利化之风劲吹，浮躁气息蔓延，传统意义上的理想与崇高，不得不面对世俗蜂拥而至的解构和侵袭。况且高度信息化的社会，多元与快速是两大关键词。多元，意味着价值取向活跃多变；快速，意味着思想观念更新加速。于是，人们在"快"与"活"中远离了初心，淡忘了信仰。

代际更替，时光疾行。时代之快，难免让人茫然无措，又怎可一味苛责青年？但普遍存在不能成为青年逃避信仰的借口，作为社会中最有朝气、生气的群体，应该有引领风尚的担当。

"一个时代的精神是青年代表的精神，一个时代的性格是青春代表的性格。"从黄花岗七十二烈士浴血，到五四火炬高高擎起，再到中国共产党成立……历史每前进一步，都有来自青年的力量，很多时候，他们还是无可辩驳的主角，他们高擎起信仰的旗帜，成为整个民族的开路先锋。

"我们相信，中国一定有个可赞美的光明前途。"狱中的方志敏，为自己的信仰画像。一个光明的中国，就是信仰。而这种信仰，无远弗届、无坚不摧。一位访问过延安的美国人约翰·科林回忆："我被共产党人为目标奋斗的精神所感动，人们在空气中可以嗅到这种气息。"这气息就是信仰，这信仰的光辉，不会泯灭，反而会在时光长河的洗刷下历久弥新。

青年的价值取向，决定了未来整个社会的价值取向。当代青年不再面临血与火的直接考验，却经受着更多物质上的诱惑、精神上的迷宫。越是这时候，越需要将信仰扛在肩上，让它定位自己的精神坐标，指引人生的行进方向，在新的时代奠基属于自己的荣光。

（《人民日报》2014 年 5 月 27 日第 19 版）

做好明辨这门功课

陈宝剑

习近平总书记在北京大学师生座谈会上强调，广大青年树立和培育社会主义核心价值观，要在"勤学、修德、明辨、笃实"上下功夫。其中，"明辨"是关系到"总钥匙"和"大方向"的关键，只有善于明辨是非，善于决断选择，人生才能选对路、走正路。

"明辨"，是正确的世界观、人生观、价值观的重要内容。用中国传统的体用观念来解释，"三观"是体，是非观念则是"三观"基础上的价值判断；同时，明辨是非也不等于简单地判断对错，正如朱熹所说："凡事皆用审个是非，择其是而行之"，是非不是绝对的、机械的，要因事而论、因时而动，其判断结果要能够指导实践。因此可以说，学是明辨的基础，思是明辨的过程，鉴是明辨的方法，行是明辨的深化。做好了明辨这门功课，青年人就能始终保持清醒的头脑、坚定的立场和矢志不渝的信念。

古人讲："多闻而择，多见而识"，只有通过学习不断地增广见闻，才能提高认识、正确抉择。大学生要以学为主，兼学别样，高校要把树立良好的学风摆在突出位置，鼓励青年学子勤学、苦学、真学、博学。一是学理论，尤其是马克思主义基本原理和马克思主义中国化的一系列理论成果，将反映人类社会发展的一般规律与中国的国情相结合，深刻领会中国特色社会主义道路的历史必然性，进一步增强"三个自信"；二是学经典，通过对经典的学习，可以从整体上以观其要、以窥其径，达到纲举目张、事半功倍的效果；三是学历史，历史不是先知，却是很好的向导，对当代大学生来说，应当认真学习人类文明史，学习中国历史，学习近代以来中国的革命、建设、改革史。

一个人是非观的偏差，通常由于缺少深入细致的思考所导致。因此，学会明辨，首先要破除懒人思维，凡事要多问个为什么，多琢磨三分，只有建立在充分思考基础上的结论才是站得住脚的。"非学无以致疑，非问无以广识"，只有善于思考，善于提出问题，才能真正掌握知识、明辨是非。高校应特别注重启发学生的问题意识，加强思维能力训练，将单纯的知识技能传授，转变为掌握方法和提高自主学习能力；变灌输式教育为启发引导式教育，增强课堂互动，活跃课堂氛围；重视第二课堂建设，通过开放式的论坛讲座等活动，让学生充分表达出自己的观点；鼓励学生培养以问题为导向的创新意识，"善疑者，不疑人之所疑，而疑人之所不疑"，尊重和爱护学生每一点思考的火花。

很多时候，造成人们看不清、辨不明的原因是没有掌握科学的方法。破除思维固化，撷取有效信息，需要学会对照、比较、鉴别，古人言："君子有三鉴：鉴乎古，鉴乎人，鉴乎镜"，要做到明辨，就要在"鉴"字上下功夫。高校在开展核心价值观教育的时候，加强对青年学生进行方法论引导尤为必要。应坚持实事求是的原则，引导青年学生坚持从事实出发，把握本质与主流，积极追求真理；应学会辩证地看待问题，真理再向前一步就是谬误，是非判断离不开其所处的环境、时代和条件，因此做到明辨就是在变动中把握方向，既要有坚持的原则和底线，也不能机械僵化。

通过明辨，既要明了是非，也要指导行为和实践。中国传统文化很重视实践对于知识的重要性，所谓"知行合一"，"读万卷书，行万里路"，"不闻不若闻之，闻之不若见之，见之不若知之，知之不若行之"，丰富的实践反过来也能提升人们明辨的能力。因此，高校应当为青年大学生自觉践行社会主义核心价值观积极搭建实践平台。通过开展以培育和践行社会主义核心价值观为主题的党团日活动、座谈交流、参观寻访、新媒体互动等，引导青年学生坚定理想信念，增强责任感和使命感；通过创新社会实践形式，积极鼓励并创造条件让青年学生走出课堂、走出书斋、走出校门，立足所学，脚踏实地，开展形式多样的志愿服务，在服务他人、奉献社会的过程中践行社会主义核心价值观，以青春梦想、用实际行动，为实现中国梦作出当代大学生应有的贡献。

（《人民日报》2014年6月24日第19版）

黄土不负有心人

沐　沂

　　"让漂泊的青年回归家的味道！"凭着这句颇有情怀的口号以及"走心"设计的商业模式，在地铁口卖半成品青菜的"青年菜君"火了，从青年的需求出发，在土地上寻找答案，他们要把青年从"驴火"和米线手中解救出来的创业计划，正一步步走向成功。

　　与此同时，我的本家哥哥，一个曾经游走在城乡之间的农村青年，经历了10多年的"浑浑噩噩"后，终于安定下来了。他跑到家乡的一片荒山上起了几间房，开始侍弄芦花鸡，过起了近乎苦行僧的生活。"连恒大的许家印都开始进入农业了，我相信未来10年，有机农业一定有大把的机会！"他在微信上激动地跟我说着，跟所有创业的人一样。这几天，初中毕业的他竟然自己摸索着开通了微店，还要开淘宝店，要做生鲜电商。

　　土地＋现代物流＋互联网，在这个无比讲究"舌尖上的安全"的时代，无疑是充满想象空间的创业之地。土地政策的改革加上新技术的普及，让原本贫瘠的土地，突然充满诱惑力，蠢蠢欲动的商业资本正马达声声，欲在这片未开垦的新地上逐鹿。而那些土地原本的主人们，却仍漂泊异乡。

　　所以，我对这个曾经背着"不安分"名声的哥哥，充满敬意。他折腾了一圈，发现养育他的土地完全可以承载他更大的梦想，于是义无反顾地干了起来。而在 6 年前，另一个同村小伙伴在城里失业了，问我怎么办。那是党的十七届三中全会前夕，土地流转政策呼之欲出，我有些兴奋地告诉他，回去是不错的选择。结果是，他好几年没理我。

也许到了重新唤回对土地的深情的时候了。新生代农民工，往往会被贴上对土地感情淡漠的标签，但没准这只是表象，是一种外在的观察。从小在土地上撒欢、厮磨，他们对土地的感情早已融入血液，只是曾经土地的产出太少了，城乡之间巨大的落差，让他们别无选择，远走他乡。

如今，新的技术革命和社会变迁，给出了缩小城乡差距的契机。当年僻壤，或成热土。农民的儿子，请看紧手中的土地，这也许是追赶新潮流的钥匙。要相信老一辈人的话：黄土不负有心人。

（《人民日报》2014 年 9 月 9 日第 19 版）

你的背景，是这个时代

张 璐

记得去年的这个时候，北京的风也是这么大。那天晚上，你趴在一桌子啤酒瓶的夜摊上，跟我讲了你最近的遭遇：要毕业了，可几家中意的金融机构却连简历都没能投进去；多年的女友家境优越，这些年一直面对着她家人的反对，终于还是分手了。

我知道你是个倔强要强的乐天派，从西部的小山村走到北京的最高学府，荣誉铺满了道路，你从没觉得自己矮人一头。可是那天，我分明从你口中听到了落寞："我并不比任何人差，如果我有背景的话，我肯定不是今天这个样子。"

你那天的气话，恐怕让我们不少的同辈都心有戚戚。作为刚刚走上社会的年轻人，我们常常自嘲是"屌丝"，抱怨在这个"二代"横行的世界里，"别人有的是背景，而我有的只是背影。"

可是，我那时很想告诉你："其实，你的背景很硬，你的背景就是这个时代。"

离得太近，有时我们反而看不清自己的时代。这是个并不嫌贫爱富的时代，它没有拒绝马云们年轻时的一文不名，而是让他们成了一个个创富传奇的主人公；这是个规则正在取代关系的时代，它并不嘲讽80后、90后的不谙人情，而是为他们尚显稚嫩的梦想助力；这是个教育与知识俯拾皆是的时代，不必再仰赖高昂的学费和漫长的旅行才能开阔视野，只在轻轻一点之间就囊括了万里与千年——当站在历史的坐标系上看，这是一个普通人的黄金时代。

这让我想起在美国硅谷流传着的一个说法：人生最重要的是"坐上火箭"。当你所在的平台高歌猛进时，你的前途自然水涨船高；而当你的平台前景惨淡时，接踵而至的就是困顿停滞和勾心斗角。所以如果有了"坐上火箭"的机会，"别管什么位置，上去就行"。

成长在一个未来将长期处于上升通道的国家，不正是登上了一艘最大的"火箭"？在这样的时代里，不要放大"当下"的任何不如意，那样只会坐困愁城，错过时代的风景。今天的你如何想象，几十年前还有人以为每天能吃一个苹果就是共产主义？而几十年后的你又该如何嘲笑，年轻时的自己竟以为那时的窘迫便是全部的命运？

有幸遇上了这样的时代，一定要配得上这样的时代。没有好东西是单独来的，当时代带给我们前所未有的成长机遇时，也意味着你会承受更加痛苦的破茧成蝶。这将是一场漫长的大浪淘沙，那些无法在与自己死磕中拼命长成大块头的人，都会在时代的湍流中渐渐湮没无闻。今天你会觉得你和"别人家的孩子"之间是背景的差距，但再站得远一些，就会发现你的未来与任何人无关，只关乎自己的奋斗。

所以，当别人还在谈论金钱、人脉有多重要时，也许是低位起飞的你必须坚信一点：你所身处的这个时代，已经足够将你托举到一己之力曾经不可企及的高度。

其实，改变正在发生。如今，你已在一家知名律所供职，成了每天在各地出差的"空中飞人"。国庆假期的时候，又在朋友圈上看见你牵着曾经分手的女友的手，在婚礼现场幸福地傻笑——你看，时代并没有辜负你，该给的都会给，你的背景真的蛮硬的。

（《人民日报》2014 年 10 月 21 日第 19 版）

守住信念才有成

王慧敏

有关理想信念教育，从小到大经历过不少。然而，前不久的井冈山学习，对心灵造成的冲击尤其强烈！

1927 年，毛泽东领导的秋收起义部队攻打长沙失败后，在转移井冈山途中，恶仗一场接着一场，于是，不少人开了小差，甚至连师长余洒度也不辞而别。近 6000 人的队伍只剩下 700 多人。前面重兵围堵，后面追兵迫近。情势之严峻可想而知！在此紧要关头，毛泽东在三湾那棵大樟树下豪迈宣言："愿走的，绝不强留；不愿走的你们会看到，星星之火可以燎原。用二三十年时间，革命终将取得胜利！"

这是何等坚定的革命信念！从 1927 年秋收起义上井冈山，到 1949 年 10 月 1 日新中国成立，用时 22 年。

无论谁，没有信念想成就一番事业，恐怕很难。大到革命理想——走什么路、举什么旗，小到一项具体工作，莫不如此！

因为有了信念，活着才有奔头，脚下才有力量。可以说：信念是指路的灯，是校正航线的舵，也是砥砺前行的鞭。

相反，如果失去了信念，就会患得患失，稍有挫折便一蹶不振。甚至，"脚踩西瓜皮，滑到哪里是哪里"。这样，外界稍有诱惑，往往就会偏离人生航迹：这些年曝光的干部腐败、演员吸毒、"富二代"飙车等等，恐怕都是这个问题的反映。多年前曾看过一篇新闻，说是一个富豪子弟，经常夜深人静时偷偷把数吨水泥倾倒在邻居门前。警方破案后，揭出的案由令人啼笑皆非：原来是个恶作剧……

人生有顺境也有逆境，顺境时，守住信念，会走得端直；逆境时，守住信念，能迈过沟坎。越是在困难的时候，越不放弃，咬住了，就是胜利！有篇文章《走出沙漠》，把这个道理诠释得淋漓尽致：

一群学者随一位老教授沿丝绸之路进行民俗考察。可是不久，迷了路，走进了一片杳无人烟的沙漠。干燥和炎热消耗了每个人的体力。食物已经没有了。最可怕的是干渴——在沙漠里没有水，就等于死亡。为了节省水，老教授把大家的水壶集中起来，统一分配。几天后，老教授死了。临死前，他把最后一个水壶给了一位信任的助教，叮嘱他："不到万不得已，千万别动它。"

又是3天过去了，人已渴到生理极限。大家都死死盯着那壶水。可助教呢，死活不肯让大家喝，说还没到最后关头，并不断催促大家："趁体力还行，再走一程，再走一程……到了前面，一定把水分给大家。"大伙又艰难地朝前跋涉……就在大家就要绝望的时候，沙丘后面终于传来了流水声。

这时，助教才把真相告诉大家："挂在胸前的水壶，灌满了沙子。几天前就没水了，教授一直瞒着大家，是怕大家绝望……"

确实，无论什么时候，守住信念才有成。有的时候，开头时，不少人会信心满满，可在跋涉过程中，或贪恋周围的"景色"，或受各种诱惑，脚步会慢慢迟滞下来。这时，千万别忘了告诫自己：是不是守住了信念？！

记得有这么一句话：不要因为走得太久了，而忘记当初我们为什么出发！

（《人民日报》2015年5月26日第19版）

焦虑也许并不可怕

李昌禹

有些词语，不知从什么时候起就成了我们表达心情的高频词汇，比如，焦虑。

有时，焦虑能找到具体的原因，比如，父母又催着你相亲了，拖延症又发作了，等等。但有时，焦虑情绪又来得无声无息，让你忽然感觉自己的工作和生活一无是处，不知道未来的方向在哪里。

更糟糕的是，焦虑的情绪还会相互传染。有人说，当下的时代有一种群体性的普遍焦虑：为买不起房子而焦虑，为该不该扶起倒地的老人而焦虑，为手机上如影随形的信息轰炸而焦虑……各种焦虑情绪相互感染、相互交织，直到让人困惑、疲倦不堪。

焦虑为何物？心理学家说，当原始人在面对一头大型啮齿类食肉动物时，焦虑就产生了——这便是人类最原初的生存焦虑。现代社会，生存焦虑已不普遍，但人类并没有摆脱焦虑。只不过那头食肉动物幻化为无形——怕自尊受伤，怕被族群孤立，怕在竞争中失利。用美国心理学家卡伦·霍尼的话说，这种普遍的现代化了的焦虑已经成为"我们时代的神经症人格"。

身处不断前行中的当代中国，人们所感受到的焦虑似乎前所未有地强烈和频繁。一个很有意思的现象：生活富足了，幸福感却少了；束缚少了，自由却又陷入了各种纠结……我们好像进入了一个全民焦虑的时代，成功的焦虑，道德的焦虑，身份的焦虑，纠缠混杂在一起……不由让人想起那个经典发问："这个世界还会好吗？"

但细细想来，对于处在社会转型期的中国来说，群体性的焦虑倒也不足为奇。改革开放翻天覆地，只不过30多年而已，而西方发达国家经历两个天壤之别的时代则跨越了上百年时间。在如此高速的大规模社会经济转型过程中，政策的风险、市场的风险再加上公共服务的不健全，容易让人产生不安全感，对未来缺乏合理预期，每个人都渴望占有尽可能多的资源以备不时之需。

一句话，这种群体性的焦虑，实则是社会转型焦虑的一个缩影。社会的焦虑造就了人的焦虑，人的焦虑又扩大了社会的焦虑。哲学家克尔凯郭尔有一句著名的存在主义式断言："焦虑是对自由的迷茫。"或许这让我们感到惊讶，但事实的确如此——我们之所以比以前更焦虑，一个很大的原因在于我们面临的选择和获得的自由比以往更多了。

"是谁出的题这么的难，到处全都是正确答案"，就像歌里唱的那样，与动荡波折的年代相比，我们有了更多选择的自由，但哪一条路最终通向真理或者说幸福的彼岸？我们尚无足够经验。在无数条标注着"正确"的道路旁寻寻觅觅，这正是生活在"自由"选择世界中的独特体验。

所幸的是，根据心理学家的分析，焦虑并不一定会造成"心理阴影面积"的无限扩大。适度的焦虑也可以成为一种能动的因素，一种建设性的力量，甚至促成一种活跃状态——如同鲇鱼效应，鲇鱼在搅动小鱼生存环境的同时，也激活了小鱼的求生能力。同样，在克服焦虑的过程中，个体的能力也将得到超越。

由此看来，群体性的焦虑也未尝不可以成为一种推动社会前行的动力。当下，中国离梦想从未如此接近，但我们却更加如履薄冰、焦虑敏感，也许正应如此，这恰恰是一个社会具有生机和活力的体现。这种有意识的焦虑虽然痛苦，但却往往能够帮助我们认识自己，不断自我修正，而当我们成功走出了焦虑，那我们的社会也必将变得更加健康稳定。

　　具体到个人，其实焦虑并没有那么可怕，完整的人格塑造甚至离不开适度的焦虑。如果有一天，焦虑真的压得你喘不过气来，或许你可以读一读诗人里尔克的这句话："不管做什么事，都要当它是全世界最重要的一件事，但同时又知道这件事根本无关紧要。"

（《人民日报》2015 年 12 月 1 日第 19 版）

自甘平庸惹了谁

王慧敏

　　春节到一个朋友家做客，正赶上朋友和上高中的儿子拌嘴。朋友嫌儿子不努力，期末没有考好，说这样下去会平庸一辈子。谁知儿子毫不示弱，当即回嘴："平庸咋了？平庸招谁惹谁了？平庸也是人生的权利！"

　　看着小家伙理直气壮的样子，我很吃惊！回来在朋友圈里聊起此事，大家怪我少见多怪，说现在"自甘平庸"在年轻人中很时髦呢。上网一查：还果真如此！

　　惊诧之余，心里颇不是滋味！我的单位正对着杭州少年宫，每天晚上 8 点半钟，少年宫门口便围满了接孩子的父母。无论刮风下雨，酷暑严寒，莫不如此。他们大多是劳累了一整天啊！有的可能天麻麻亮就得挤公车去上班；有的也许在单位食堂买一份荤菜都会踌躇再三，却拿着汉堡、饮料翘首静候着孩子下课……

　　眼前情景，总让我想起在报社住筒子楼时的邻居大李。那时候住房都紧张，即使三口之家也只有十几平方米的一小间。为了能让孩子安心做作业，大李在房子里用隔音板为儿子单独隔出一个"作业间"。他给孩子安排了"特长班"，大李和妻子还分了工：周六由他接送孩子去学习，周日则由妻子全天伺候。

　　可怜天下父母心！如果大李听到了文章开头那段父子的对话，他心里该会是什么滋味？

对孩子尽责的父母，总是让人充满敬意：他们在对孩子倾注满腔爱的同时，也是在为整个社会作贡献。你想一想，如果我们的周围爱因斯坦、托尔斯泰、巴赫那样的人物一批批涌现，对社会的进步与发展会起什么作用？对我们所有人来说，都是幸事！

相反，如果每个人都自甘平庸，都不去努力，那又会是怎样？

当然，做一个对社会有用的人，不一定要求大家都往官场挤——社会精英集中到官场未必不是一件好事！问题是未必人人都适合当官。不适合当官，那么就去当科学家、音乐家、艺术家；即使这些都无缘达到，当个出色的钳工、车工也不错啊，争取当个八级的。如果你自甘平庸，给自己定位永远是学徒工的水平，那么经你手生产的产品谁还敢买？

在网上的论坛里我发现，有的年轻人为"自甘平庸"寻找理论根据，说老子在《道德经》里就提倡"无为"。如果认真研究了《道德经》的真髓，你会发现：老子所说的"无为"，绝不是无所作为，而是说不做无效的事情，而该干的事情就必须干好。

有位哲人说过："以出世的态度做人，以入世的态度做事。"这句话很中肯。做人要有平和的心态，利益上太过计较就容易为琐屑小事所困，就会被"巴掌山挡住双眼"，自然也就行不远。但对待工作和事业却马虎不得，必须认认真真一丝不苟，只有以积极的态度迎接困难和挑战，才不会被一时的挫折吓倒，最终才能抵达理想的彼岸。

其实，不思进取无所事事，未必就会很惬意！西欧有个国家是世界知名的高福利国家：从念小学到大学，全部免费；病了，医疗费用大部分由国家负担；失业了，有高额的救济金，足可以衣食无忧。人们形容，在这个国家，人一生下来就进入"保险箱"。可这个国家却又是世界上自杀率最高的国家之一。专家分析自杀的原因认为：无需奋斗而让生活变得没有目的，因为安逸而让人生变得无聊无趣，找不到生命的意义而让人悲观厌世。

　　责任是生命的滋补剂，拼搏是前进的动力源。可以说，自甘平庸不仅是对父母不负责任，对社会不负责任，更是对自己不负责任。

　　那么，再来回答开头提到的问题：平庸招谁惹谁了？我会义正词严地回答：你招惹了我、招惹了你的父母、也招惹了周围很多的人——大家都一颗汗珠子摔八瓣努力为社会作贡献，你凭什么坐享其成混吃混喝？没有责任的人，我们这个社会不欢迎。

　　如果我的子侄辈敢在我面前张口闭口"自甘平庸"，我就忍不住会在他后脑勺上狠狠给一巴掌！

（《人民日报》2016 年 3 月 22 日第 19 版）

或许眼前的"苟且"就藏着诗和远方

崔士鑫

疲惫的时候，最喜欢与远在东北老家的老父亲通电话。不为别的，就爱听他在电话里呵呵的笑声。老爷子虽一生务农，今年80多岁了，却有着年轻人的心性。没事爱摆弄别在腰里的手机，向晚辈学用里面的功能，骑着两轮摩托去赶集，在乡下的大路上飞驰。

在我记忆中，父亲一直有这种见什么都好奇的琢磨劲儿。他小时候因为家里穷没上过学，解放初期上了几天扫盲班，认得一些字，但凭空写不出来。后来就养成了这样的习惯：辛苦劳作之余，只要看到上面有字的空烟盒、废瓶子之类，他都会停下来，细细看上面的文字。为此没少挨母亲数落：文盲还想考大学？是不是想偷懒？父亲总是呵呵一乐，看完接着干农活。

或许受他这种"学风"影响，家里终于走出自然村里的第一个大学生。我上大学的时候，父亲凭着在糊墙的旧报纸上找字，居然能与我顺利通信。但以后生活好了，家中墙壁四白落地，父亲找不到"墙上字典"，无法给我写信很苦恼。一次听我说了《新华字典》的妙用，60多岁的他竟然开始学起了拼音！

不过，我最佩服父亲的是他独到的眼光。他评价青年人，最重要的一条是有没有"长性"，类似于我们说对事业的"黏性"。他说某某某肯定没出息，原因是他"干什么够什么"。多年过去，时间证明他的判断几乎全部正确。

"干什么够什么"是我家乡的土话，"够"的意思大体相当于"厌烦"。这个不难理解，不少年轻人都有这毛病。如今生活优越的年轻人，够上这一条的似乎更多。表现形式之一，就是辞职跳槽成了家常便饭。有的辞职跳槽理由还很奇特：比如，两个狮子座女性当她老板所以要辞职，天冷起不了床会辞职，这显然不是为了追求新知新体验，只是对当下厌倦，哪怕是有名的"世界那么大，我想去看看"。只是这些年轻人可能不肯承认自己是"干什么够什么"，而会换成更时髦的说法：不想忍受"眼前的苟且"，要去寻求"诗和远方的田野"。

这种择业和流动的自由，在父辈们的青年时代，是不可想象的。这当然是一种社会进步。然而也不可否认，有不少年轻人，在这种不断抛弃"苟且"，寻找所谓"诗和远方的田野"过程中，迷失了自我，蹉跎了岁月。

一般人所谓的"苟且"，无非是现实中的自己。而"诗和远方"，那才是理想的生活。实际上，现实生活难免重复，或单调枯燥，或充满压力。想象虽然美妙诱人，但要想落地，仍不免回归日常，柴米油盐。如果这种"干什么够什么"的心态不变，不过是从自己呆腻的地方，换到了别人呆腻的地方，最后自己又呆腻了。

重要的或应是转换心理频段，老话儿说的"干一行爱一行"，那是无数成功者的箴言。我并不反对年轻人跳槽寻找更适合自己发挥才干的工作。但在现有岗位上，不管你当初是自愿选择，还是被动接受，无论是你一直要做下去，还是终有一天要离开，只要在岗一天，不妨怀着生命目的就在于深度体验的心态，尝试着一丝不苟尽力做到极致。或许有一天，你会惊讶地发现，曾经以为难以忍受的"苟且"，会赫然变换成诗和梦中的远方田野。眼前的苟且，原来就藏着诗和远方。要知道，哪怕是真正在远方田野里汗流浃背、辛苦劳作的人，只要有阳光心态，也还能从废纸片上，读出生活的诗意与乐趣呢！

（《人民日报》2016年3月29日第18版）

莫忘人生"收藏夹"

虞金星

我的网络收藏夹里，存了一堆网页，都是长久以来遨游网络世界，沙里淘金而保存下来，准备过后好好学习的文章。然而，大部分最终也就这么存在了收藏夹里，一条一条摞起来，落满了电子世界的尘埃。

最初那点"过后好好学习"的念头，在五光十色的刷屏浏览里，不断稀释，偶尔重凝，就形成了这样一个让人觉得充实、又让人觉得心虚的文件夹。或许，它最后会在某次系统还原里被涤荡一空。

据我所见，这样的"收藏夹"并不只我有。有时候静下来想想，当初把它们存起来，心理大致是类似的：读到时觉得有可拍案、击节之处，但要想真有长进，有真收获，又得重读几遍，仔细琢磨。

只不过，"重读"最后往往变成了"我以为我会去重读"。

这大概算是个新版的"掰玉米"的故事：饥饿的熊闯进了浩如烟海的网络资讯世界这片玉米地，掰一个，扔在筐里，掰一个，扔在筐里。它倒并不一定是好高骛远，等着找到那个最大最鲜美的。只是这块玉米地太广阔了，它又总想着等摘到头了，再坐下来细细品尝。于是，走啊走，掰啊掰，渐渐地，也就忘了，这时候最应该做的，也是当初想做的，就是拿玉米好好治肚饿。

这位饥饿的访客，就是这么"迷失"于外部世界，也"迷失"了自己的本心的。

落灰的"收藏夹",或许只能算是人生"迷失"里微不足道的一种。而用更宏阔的眼光打量人生,"迷失"的风险,始终是存在的。从初出人生的茅庐开始,我们就得意识到这样的风险。

多少人站在从校门到社会的门槛上时,胸怀壮志,心有标尺,走着走着,就刻度模糊,准星不明了。年深日久,可能会只顾犁地、忘了抬头看路,导致行差踏错——这种危险,大家相互提醒得比较多,还比较警觉。但贪恋前路五光十色,盯着一山还有一山高,等着摘一个个鲜嫩的"玉米",而不记得回身照照来路上的镜子,拂拂心头堆积的尘垢,让它不至于累积成灾——这种风险,少有警觉,容易被人忽视。

这就是"失",这就是"忘"。2000多年前曾子讲"吾日三省吾身",不断追问内省,或许就是为了给后人留下对抗这种"失"与"忘"的藜杖。他讲"每日",何尝不是每年,每个阶段,每段试图保持自我精神的人生呢?

其实在我们的传统甚至本能里,是有对"失"与"忘"的抗拒,对"最初"的追溯愿望与反省冲动的。近2000年前,东汉文字学家许慎编著成《说文解字》,试图以形、音、义相结合,证古字的来历、本意,以澄清时人对文字的曲解。时至今日,"说文解字"、追溯原形本义的风格依然没有失去生命力,在我们的文章里、在我们的精神活动里,始终有一席之地。

于现实的人生而言,拂去"收藏夹"的尘埃,追溯源流,问询本义,其实不过是找到那个站在人生起始处的人,翻出他最初在行囊里为自己准备的那些给养:一份好学之意,一份向善之意,一份坚持真理之意,一份坚忍不拔之意,一份忍耐磨砺、坚持初心之意……"不畏浮云遮望眼",在高处远观而产生的这份信心之源,不仅是对未来路途的成竹在胸,同样也包括回望来路,明了初心,重新生发出的锐气与勇气。

(《人民日报》2016年7月12日第19版)

别成为自己讨厌的人

刘鑫焱

出差的路上特别堵、行驶缓慢，开始有车走应急车道，心里很是鄙视这种不守交通规则的行为；随着自己的车被一辆辆车从应急车道超越，心里逐渐愤愤然，一个转向也上了应急车道，走上了曾经"鄙视"的路。

诚如上例，我们鄙视有违公德、破坏规则的行为，有时候却在不知不觉中做出了同样的事。现实生活中，这种道德认知与实践行为相背离的现象，并不少见。有人曾经做了这样的实验：人手中有两个可支配任务，一个有趣且有奖励，一个无聊没有奖励；要求被试者把其中一个任务留给自己，另一个安排给别人。结果令人失望，几乎没人认为把好的任务安排给自己是道德的，但80%的人却作出了相反的选择。

有人把这种现象称为"道德伪善"。简单地解释，道德水平只是停留在口头上、态度上，一到具体行动却总是背道而驰，言与行、知与行"两张皮"。这样的现象在网上被集中释放出来，因为匿名且隔着屏幕，不少人喜欢挥舞道德大棒，从道德上品评别人行为的对错，而事实上，因为陈义过高，自己都是决然做不到的。

坚守道德，一般是要付出代价的，这代价便是利益，包括便利、舒适、自由等；很多人选择了妥协乃至违背道德，原因是难以出让这些利益。人在成长的过程中，经常会遇到是非与利弊的选择，二者同向时，鱼与熊掌兼得，一切都好；二者逆向时，不可兼得，二难选择、取舍之间颇费思量。作出了弃是非、选利弊的选择，那就事实上违背了道德，久而久之就会成为"自己讨厌的人"。

拒绝"道德伪善"，避免成为"自己讨厌的人"，关键是要有"自省"机制，古人所说"日三省乎己"，便是修身的关键。我们要有这样的自觉：像每天"照镜子"一样，经常检讨言行，避免自身的行为过分屈从于利益，而违背自己的道德，尽最大可能做到知行、言行合一。

但如果总是强调舍利取义，难免过于高蹈，不想伪善就只能做圣人吗？过分委屈自己的结果，往往又会造成更大的"伪善"——道德难以落实。怎么办？道德水准不能降，利益层次却是可以提升的。

在心理学层面，道德观与利益观其实是相伴而行、不可分割的。心理学研究认为，人道德水平的提升是个渐进的过程，道德水平提升一点，利益观就会提升一点。如果两者总是相匹配，则对个人来说，就是一个正向的修炼过程；如果两者出现了落差，就容易出现"道德伪善"。比如道德观高了，知道什么是善的，但利益观落后了，眼中的利益太多，权衡的时候，就容易天人作战，作出令人失望的选择。从这个意义上讲，发展利益观至关重要，甚至最终决定我们的道德在一个什么水准上。

那么，如何提升发展我们的利益观？其实古人早有论述，孔子说"见利思义"，荀子说"先义而后利者荣，先利而后义者辱"，如此等等，其实都是告诫我们，先义后利，义然后取，公利大于私利，"我为人人"，然后才能"人人为我"。年轻人在成长路上，尤其不要被"利弊即是非"的简单思维所困扰，不断丰富自己的精神世界，提升自己的利益观，直至让自己迈入一个良性的提升之途。

康德有言："有两种东西，我对它们的思考越是深沉和持久，它们在我心灵中唤起的惊奇和敬畏就会越历久弥新，一个是我们头上浩瀚的星空，另一个就是我们心中的道德律。"我们匆匆前行，丰富了阅历、认知了社会，提高了能力，可不要把"道德"留在了身后。

（《人民日报》2016年11月29日第19版）

勉为真君子

楼宇烈

　　一百年前，梁启超先生给清华学子作了题为《君子》的演讲，并引用《周易》乾坤两卦的象辞——"天行健，君子以自强不息""地势坤，君子以厚德载物"，激励清华学子"崇德修学，勉为真君子"。

　　"君子"是对一个人品格的描述，怎样做君子是中华传统文化的重要主题。先秦典籍中，儒家的四书五经就不用提了，即便是道家、墨家、法家等的经典著作，君子也是一个重要的常用词。当然，"君子"这个词的内涵，在历史上也是有流变的，起初它是社会地位的标志，后来变为人格品格的标志。而促进这个流变发生的关键人物就是孔子。孔夫子学而不厌，诲人不倦，因材施教，有教无类，将原本属于贵族的文化积极传递给平民百姓，培养了很多有重要历史影响的博雅君子，开启了中国文化的新纪元。

　　对品格的重视，古今中外，概莫能外。我在北大课堂上给同学们推荐过一本书《品格的力量》，这是英国学者塞缪尔·斯迈尔斯的作品，这本著作在西方被誉为"文明素养的经典手册"。作者在书中引用了马丁·路德的一句名言："一个国家的繁荣，不在于其国库的富足，不在于其城池的坚固，也不在于其公共建筑的华丽气派，而在于其公民的教养，在于人的文明、教化和品格，这才是它实际利害之所在、主要实力之所在、真正威力之所在。"可见西方对品格的重视程度并不亚于我们中国。

　　"士不可以不弘毅，任重而道远"，立志做君子，这是一种使命与担当，于古今皆然。怎么做君子？应当于引领风气和弘传文化两方面有所建树。

　　"君子之德风，小人之德草"，君子的首要责任就是引领风气。君子的德行是社会风尚的源头活水。要引领社会风气，首先就要有足够的定力，不随波逐流。中国文化是"反求诸己"的文化，历来强调"为己之学"，强调做学问的真正目的不在于获取名利，而在于立身行道，这就需要做得自家主人翁，不为外诱所惑。据罗尔纲先生回忆，其师胡适先生常对他讲："孟子说，富贵不能淫，贫贱不能移，威武不能屈，此之谓大丈夫。我看应该再加一句，时髦不能跟！"跟风并不可怕，因为从众心理是一种普遍的人性，可怕的是没有君子引领风气。天下总是要有风气的，而风气正还是不正，主要靠君子，曾国藩说过："风俗之厚薄奚自乎？自乎一二人之心所向而已"。宋代的吕本中也说过："士大夫喜言风俗不好。风俗是谁做来？身便是风俗，不自去做，如何得是好？"时代呼唤更多独立不倚、和而不流、刚健有为的君子，躬行践履，共同推动社会风气的改善。

　　"人能弘道，非道弘人"，君子还有一个重要责任就是弘传文化。作为正在逐渐展开的生命，我们像树木一样，是有"本"有根的存在，所以，不忘本、"报本反始"就应当是贯穿于生命的主线。"礼者，大报本也"，作为礼仪之邦的中华，最重要的精神品质之一就是知其所从来、敬其所从来。那么，"本"在何处？《荀子》有言："天地者，生之本也；先祖者，类之本也；君师者，治之本也。"天地是一切生命的本原，离开了天地就没有生命；生命又有不同的种类，先祖是每一类的"本"；人与其他动物不同，人应该懂得做人的道理，这就要靠国家、师长的教育，"君"就是国家的象征。树高千尺不忘根，文化滋养了我们，我们就要回报文化，在传承中弘扬和光大中华文化。

"君子务本，本立而道生"，生生不息的中华之"道"正在于一代又一代君子对"本"的不息灌溉。当代青年应有志于此，发传统之幽微，赋其以现代意识，勇做传承弘扬民族文化的真君子。

（《人民日报》2016 年 11 月 30 日第 19 版）

"古道热肠"何处寻

王慧敏

寻找"诗和远方",成了现今年轻人的新追求。到底去远方寻什么呢?当然是在"水泥森林"中已经很难觅到的东西,"古道热肠"应该算一个。

在大都市里,有些情愫的确淡漠了。"有约不来过夜半,闲敲棋子落灯花""绿蚁新醅酒,红泥小火炉"的那份意境与闲适,在高节奏的现代社会面前,空间已经越来越逼仄。"友谊",在当前的话语体系中,也已几乎难觅踪影。"千金一诺""同怀视之"的真挚感情,仿佛只能在久远的古风里寻找。

如何保持岁月静好?如何保持情感清冽?如何保持友谊纯真,值得我们深入思考。

其实,不管脚步如何纷沓,不管物质多么富裕,不管身居何等高位,人们都不希望心灵荒芜,都渴望拥有纯真的友谊。俄国诗人普希金说过:"不论是多情诗句,漂亮的文章,还是闲暇的欢乐,什么都不能代替无比亲密的友谊。"

怎样才能找回人与人之间那份真情、让友谊永驻?真情源于真诚!人们首先应该像守护眼睛一样自觉地守护心中的真诚。不但要用心去守护,有时候发生缺漏,还应该尽力去修补。可惜的是,很多时候,我们对工作非常尽心,力求达到尽善尽美。可是,对于守护真诚、修补真诚,重视得远远不够……

真诚，其实就是无怨无悔地付出。我们都有这样的体验：一个群体，如果总有一批人，不计得失，乐于吃亏，乐于奉献，这个群体就人心思上，充满正能量。反之，如果总有些人只打自己的小算盘，最后肯定是军心涣散、四分五裂。正如纪伯伦说的："友谊永远是一个甜蜜的责任！"

这些年，单位来了不少年轻人，我常给他们一个建议，就是要肯吃亏、吃苦、感恩。在我的逻辑里，成人世界，谁比谁傻多少呢？什么亏都不吃，什么事都不肯让，什么时候都想压人一头，恐怕老天都不答应。乐于吃亏，谁都想和你结伴；真诚待人，谁都想和你交心。

明代有一本奇书叫《了凡四训》，作者袁了凡在书中论曰："吾辈处世，勿以己之长而盖人；勿以己之善而形人；勿以己之多能而困人……凡日用间，发一言，行一事，全不为自己起念……"

袁了凡说的其实也正是这个道理。人立天地间，肯吃亏，肯奉献，比事事都占便宜要好。

我读过这么一个故事：一个孩子在一家粮坊当伙计。他精明灵巧：掌柜刚想喝茶，紫砂壶就送到了嘴上；刚想擦汗，毛巾就递到了手上，而且想要多热就是多热的……总之，只要是掌柜想的——哪怕仅仅是刚想的，孩子就把事给办了。至于对客商的轻重冷热，掌柜的嘴巴歪歪，事情就刀光水滑地过去了。没过几年，掌柜就把所有的业务托付给这个年轻人。年轻人悟性好极了，计算精当到了极点，粮坊任何的环节都被他做到了利益最大化。

学好本事后，年轻人开了一家自己的粮坊。可是粮坊很快倒闭。他又开了盐坊，不久也倒闭。再开其他的呢，依然倒闭……

他临死也没想明白：我明明是一朝一夕都没吃亏，加起来咋就没有得到好处呢？

（《人民日报》2016 年 12 月 13 日第 19 版）

试着做个追随者

商旸

先讲一个故事。

有座村庄，地处偏僻，四周都是茫茫荒原，没有通往外乡的路。不知过了多少年，终于有人第一次分开荆棘，踏出一条小路。原以为漫长的闭塞就此打破，可惜再没有第二个人敢沿着他的足迹继续走下去。从起点望去，村民看不到路的尽头，荒原的辽阔和未知让人恐惧。时间久了，草长了，路没了，村庄依旧。

先行者拓路荒野的努力，抵不过无人追随的尴尬。很多时候，路的起点虽由首先迈步的人决定，但纵深和宽度却要看有多少跟从的脚步。一种学说，一项事业同样如此，发轫之时犹如星星之火，能否燎原还得靠"离离之草"助燃。毕竟，敢为天下先者属于少数，在人生的某个阶段，我们每个人或许都要思考，如何先试着做个追随者。

尤其是青年人，恰当的追随能借贤者的智慧丰富头脑，厚植能力，深耕学养。其中好处，不妨听听颜回的故事。

相传，少正卯在鲁国办学时同孔子竞争，把他的许多弟子都吸引了过去，以致"孔子之门，三盈三虚"，但只有颜回坚定地追随老师。如此不离不弃，是因为颜回已受益于孔子的为人之道和学识修养。他曾说"夫子循循然善诱人，博我以文，约我以礼"，使自己"欲罢不能"，因而不得不尽全力去学习。

给人启迪，助人参悟，颜回甘做孔门之人，是深切感受到了自己的智慧在增，困惑在减。所谓传道授业解惑，就是能在关键的人生节点给予你引导和点拨，在你苦思冥想陷入黑暗时能信手拈来一盏明灯。这样的人，或道，无论古今，都该追随。

除了自我价值的提升，恰当的追随也能助力事业的进益和发展。就拿不少参与创业的年轻人来说，先试着学习别人的想法，分析别人的经历甚至是失败，汲取其中的经验再做判断，不失为一种理性之举。

比如马云，他创业最大心得"就是思考别人是怎么失败的，哪些错误是人们一定要犯的"。他说，做互联网企业很难，95%的企业都倒下了，把别人的错误变成营养，才能成为那幸存的5%。

其实，做个追随者并不容易，不仅需要勇气和坚持，更需要视野和判断，有时甚至要经历一番波折，才能杜绝盲从，找到正确的方向。

在北大图书馆工作期间，青年毛泽东曾对各种新思潮都怀有极大的兴趣，还曾一度被无政府主义的小册子所吸引。直到潜心研读《共产党宣言》和李大钊关于俄国十月革命的一系列文章，才成为一名坚定的马克思主义者，并以此作为改造国家，拯救民族"唯一的制胜方法"。

总之，当自己的内心"势单力薄"、头脑"单枪匹马"时，不妨扑下身子踏踏实实地做个追随者，先去积淀和锤炼，不也挺好吗？

（《人民日报》2016年12月27日第18版）

好书多读真英雄

熊 建

市面上经常看到以"重读……"为名的书或文章，比如《重读近代史》《重读马克思》《重读史记》等。每当这时，就很佩服这些作者。因为，那些书他起码看过两遍，才能叫重读。

反观自身，不免自惭形秽。很多先贤教诲，某某书应该多读几遍。听得最多的是《红楼梦》，可真正从头到尾看过一遍，还是在上大学的时候。而且，读这书的第一大障碍就是人物关系，总是搞不明白。到今天再想重读的时候，一想到贾宝玉和贾琏是啥关系、史湘云该管贾母叫什么之类的事儿，就不想碰了。

就算抛开人物谱系问题，《史记》太长，又是文言，第一遍都看不下来；《经济学》太难，图表又多，当枕头都嫌高；《论语》太旧，而且满篇之乎者也，不适应今天的社会……读书百遍，其义自见。道理都懂，施行太难。那些大众公认值得重读的书，不知为何，好多都是那么的"面目可憎"。

真的搞不明白，毛泽东同志他那么忙，是怎么把《资治通鉴》读到17遍的。也弄不懂，孔子都走到人生边上了，是怎么把《易经》韦编三绝的。

是不是因为今天的社会有太多妨碍读书的因素？我们经常听到的是"读这书有用没用"一类带有价值判断性质的阻扰。其实，提这种问题的人，心里头往往已经预设答案了。一本书，在他们看来，如果不能通向黄金屋、颜如玉和千钟粟，那么这书就是没有用的，不值一读，遑论重读？

　　而仔细看看值得重读的书单，就会发现没有哪一本是符合这三要素的——写论文评职称的不在此列。没有哪个纯粹的读书人，吭哧吭哧地阅读经典，图的是在未来的某一天，有个喜欢《古文观止》的姑娘能和自己抵掌而谈直到天明。

　　牵扯书读二遍的另一障碍，是那些层出不穷的选本。正如同读过一本鲁迅文选，再碰到《鲁迅全集》后就会让人觉得，嗯，鲁迅的书我看过了；背过《唐诗三百首》，就不想再读李白、杜甫、白居易了，他们的诗，"野火烧不尽，春风吹又生"，谁不能脱口而出？

　　今天的社会，喧嚣、热闹，舆论场中的热点一件接一件，就好像身处大海，一排浪接一排浪涌来，打得人头晕眼花，不辨东西。这时，就感觉需要一根锚，能把自己钉牢在某一个位置，任他雨打风吹，我自岿然不动。

　　读、重读、反复读，那些可以把自己钉牢的书，或有助于理解事物，在大脑中形成自己的意义框架，避免人云亦云；或有助于理解人类社会和历史，及其背后的细节、逻辑，不再轻易惶惑。至于哪些书能把自己"钉牢"，值得自己一读再读反复读，除了流传的经典之外，恐怕还需要自己在茫茫书海中摸爬滚打一番，细细体悟，方能找到"真爱"。

（《人民日报》2017 年 2 月 7 日第 19 版）

心定而后方能静

丁雅诵

"手机一会儿推送一条消息，总是忍不住去点开，怎么让人专心工作！""想安静地看一会书，总是被人微信骚扰，真是烦人！""真的好想静静！"与身边的年轻人接触，常常听到有人这样抱怨。

的确，如今的世界确实有些喧嚣嘈杂。各种信息一股脑儿地向你眼前涌来，各种言论争先恐后地想要占领你的脑袋。在干扰与诱惑面前，用一段相对完整的时间专注地去做一件事似乎都变得难上加难。在这种环境下成长起来的年轻人，难免被纷繁复杂的外部世界所"绑架"：新闻资讯要看、热门头条要刷、八卦娱乐要追、朋友状态要赞……形象地说就是，手机一开一关，一天就过去了。

静不下心、集中不了注意力，怪谁？是该怪这世界变化太快、科技发展太迅速，还是怪周围的人太吵闹、环境太嘈杂？外界的影响诚然不能否认，但归根结底还是要从自身找原因。有这样一则故事：两个僧人看见"风吹幡动"，于是开始争论到底是什么在动，一个僧人说是"风动"，一个僧人说是"幡动"。六祖禅师慧能听后说道："非风动，非幡动，仁者心动。"如此解释虽有些唯心，但也大抵揭示出躁动的本源。

在纷纷扰扰之中，真想"静静"，关键在于增强自身的定力。什么是定力？郑板桥的《竹石》有言："咬定青山不放松，立根原在破岩中。千磨万击还坚劲，任尔东西南北风。"只要持心正、定力足，就能不随物流、不为境转，即使耳边乱纷纷，也自能岿然不动。围棋传奇李昌镐被人称为"石佛"，就是因为他在与人对弈之时，总能从容镇静，临危不乱，有着超乎常人的定力。所以，虽然李昌镐的棋风并不剽悍，也不出奇，但往往能获得最终的胜利。

要想有定力，胸中必要有志向。《大学》有言："知止而后有定，定而后能静，静而后能安，安而后能虑，虑而后能得。"如果心中缺少大志向，那剩下的就只能是小情绪，外面的点点滴滴、风吹草动都会成为你的干扰源。比如，有一些大学生习惯性翘课、常态性挂科，整天窝在宿舍里打游戏，问他为什么这样，他没觉得是自己没目标、没意愿、没动力，反倒是怪宿舍没氛围、室友把自己带坏了。抱有这种想法的年轻人，不妨多学学毛泽东。年轻时的毛泽东，为了培养随时随地都能专心读书的能力，特地到车水马龙、人来人往的城门口"闹市读书"，时而朗读、时而默念、旁若无人。

当然，保持定力不等于"两耳不闻窗外事，一心只读圣贤书"。年轻人关心家事国事天下事，自然很有必要，但今天我们格外强调静下心来，主要是因为接收的信息太多且鱼龙混杂。如果你什么都想知道，什么都好奇要点开看一下，那么结果往往只能是什么也不记得、什么也没留下。所以，当你发现自己进入了手机"每隔三秒就有一条新的未读消息"的状态时，不妨适当开启一下"屏蔽功能"：把自己暂时与外界隔离开来，让内心静下来，想想自己的目标，调整好状态再出发。

"非宁静无以致远"，世界愈是熙熙攘攘，心静才愈能彰显力量。所以，别再焦躁着怒吼"我想静静"，多向自己的内心寻求定力，才能真正地强大起来。

（《人民日报》2017年2月21日第19版）

择业多态应成常态

倪 弋

近日，一则清华本科、北大硕士毕业生做游戏女主播的新闻引起了热议。对此不少网友纷纷吐槽，甚至质疑其"不务正业""浪费资源""白瞎一个清华北大名额！中国少了一个好工程师，却多出来一个'主播'。是讽刺还是玩笑？"……

网友的这些观点其实并不难理解，如果从传统的社会分工和优化人才资源配置的角度来说，从事与其所在大学专业更对口的工作，似乎更显"顺理成章"和"人尽其才"。但这些观点，也或多或少地折射出一些人心中的固有偏见：职业是有高低之分、贵贱之别的，名校毕业生接受了优质高等教育，就理应追求"高大上"的择业，否则就是一种教育资源和职业资源的浪费。

真的是浪费教育资源吗？如果仅仅将教育视作"人生赢家"的手段，只以世俗的高下成败来评价教育的优劣得失，则难免落入了功利化、偏狭化的窠臼，这恐怕才是真正的浪费。

教育从来不是将人"工具化"的培养活动，其价值指引也不是让人简单追求"功成名就"，它的目的在于锤炼能力和完善人格，让受教育者找到适合自己的人生道路，并实现其所追寻的人生价值。正如蔡元培先生所说："教育是帮助被教育的人，给他能发展自己的能力，完成他的人格，于人类文化上能尽一分子的责任；不是把被教育的人，造成一种特别器具，给抱有他种目的人去应用的。"

真的是浪费职业资源吗？社会分工的日渐精细化和多元化，既是时代发展进步的显著标志，也是其重要推动力。无论是新兴行业的不断涌现和新兴职业的应运而生，还是传统行业的升级革新、深耕细作，在为众多接受过高等教育的毕业生提供了施展才干广阔天地的同时，也需要他们投身其中、先试先行和开拓创新。

大学英语专业毕业的马云，不老老实实当译员，反而"不务正业"去开拓一度无人问津的电子商务，也许中国确实少了一个优秀的外语人才，却多了一个电商领军人物。头顶北大法学硕士光环的张天一，毕业后毅然选择卖湖南米粉，曾被评价为"资源浪费"的他如今一年卖掉的米粉"可绕北京六环十圈"，获得社会广泛点赞。2016年感动中国的十大人物之一的秦玥飞，从耶鲁大学毕业后放弃了众多"高大上"的就业机会，选择到福建乡村做村官，弃殿堂而入田垄，照样"君子通大道"。他们用自己的行动践行着"职业无高低，贵贱在自身"，以自身的选择证明了"居庙堂之高是梦想，处江湖之远同样是梦想"。

"苟日新，日日新，又日新。"在这个日益崇尚自由和多元发展的时代，那些评判职业高下的狭隘观念本该被不断纠偏，只要是有益于自身和社会的进步的就业选择都应该得到尊重。更何况，能突破传统观念束缚，选择尝试新兴或冷门职业，积极投身时代变革的潮流，这本是一份难能可贵的勇气和智慧，与其怀揣偏见对其质疑和指责，倒不如对其报以更多的理解和支持。

正如英国哲学家罗素曾说的："须知参差多态，乃是幸福本源。"让择业多态成为常态，又何尝不是我们当下所处时代的幸福呢？

（《人民日报》2017年2月28日第19版）

你遇到的"中年危机"可能是"假危机"

李洪兴

最近，没有一点点防备，"1992 中年危机"悄然袭来，引发热议。作为 90 后，在这样的论调下，我也要弱弱地说声"对不起，没留神就中年了"。

不服老、不想长大，是很多人的朴素想法。就像在每个人的心中，心房一边住着"年少"，心室一侧住着"青春"。当然，如何定义青春、如何识别少年，从年龄划分的角度看，并非固定，也会随着时代发展而浮动调整。这次"1992 中年危机"就源自联合国对青年的定义，即 15—24 岁。老中青三代，形成年龄区间固然容易；可是，谁老谁少恐怕不能唯年龄论。

是否中年，年龄从来不是关隘，心态和气质才是。在传统认知里，"每逢中年，必有焦虑"，上有老、下有小，内有家、外有活，四面八方的压力同时施加己身，如果再对当前生活不甚满意，中年危机就成了很难逾越的心理障碍。遗憾的是，80 后、90 后们，虽未到中年，却早早地感受到了中年阶段才有的那份焦虑、重压和不甘。心态上的"中龄化"、气质上的"老态化"，让他们少了应有的朝气。

从界定年龄到社交网络上的"1992 中年危机"，画风早已变了几番，它带有傲娇、自嘲和调侃，但也让这个群体充满了对现实的紧张和对未来的迷茫。"人微，心重"的纠结，如何理解？不妨到历史的时空中看一看。

笼统地说，如今 80 后、90 后以前所未有的速度、在极短的时间里，走完了前人未曾走过的路,既开拓了见识、享受了福祉,也承受着压力。不过,时代的利与弊并非完全对称,虽然有不小的付出,但它寄予人们的获得感更明显。伴随着改革开放成长起来的80后,见证了国家的强大,更好的教育、更广的视野和更多的机会;伴随着互联网成长起来的90后,见证了世界的虚拟化,更国际、更开放、更多元。他们既是时代的弄潮儿,也是发展的生力军。从这个意义上说,80后、90后早来的"中年危机",与其说是某个年龄段的表征,不如说透着时代发展的印记。

80后、90后"与时代一起成长",不让这种伴随体验淹没在牢骚与抱怨中,才是端正心态、重新出发的正确打开方式。这是个坏时代,因为刚出校门就开始背负着买房的"呐喊与彷徨";这是个好时代,因为无论校园化还是社会化,都有足够的舞台让心中的可能成为现实;这是个巧时代,因为没有人再刻板地定义"什么年龄干什么事",年少如王源可以代表中国在联合国演讲,年长如翻译家许渊冲,90多岁高龄,仍"向夜晚偷一点时间",用作品证明"生命的在场"。

由此来看,这更是个"角时代",每个人都是时代的主角。人的年龄有大小,就像树的年轮决定了枝干粗细,是时间的作品,而只有刻下"深沉的印"才能让时代记住。所以,时代的车轮滚滚向前,每个人也都在不断行进,区别在于能否跟上时代甚至超越时代。不必纠缠长幼,随时代成长的"1992"正蓬勃,没有什么比拔节生长更有力量,没有什么比盛开绚烂更加耀眼,前面的坑或槛哪是什么危机,须知竹子没了节间,也不会节节高。

有人说,转折时代造就社会中坚。然而,没有一个社会中坚只买"区间票",只有那些在翻滚的时代浪潮中耐住本心、默默坚守的人,才能开启新时代。莫因"中年"上错车,莫为"中年"早下车,"老司机"看你的!

（《人民日报》2017年3月28日第19版）

喝一碗垫底的"酒"

吴储岐

　　现代京剧《红灯记》中有一段场景：李玉和即将要赴宴斗鸠山，临行前李奶奶以酒送行，李玉和举起酒碗铿锵念白："妈，有您这碗酒垫底，什么样的酒我全能对付！"随之一饮而尽。战争年代，革命者的豪情壮志被刻画得淋漓尽致。李玉和的这碗垫底酒，对于当代青年来说，余温尚存、入口仍烈。

　　这碗垫底的"酒"要浓，讲究功底。书法传有"永"字八法，每一画都是根基，基础打得不牢，字便难上层楼。有的年轻人求学时吊儿郎当，不求上进，满嘴变相的实用主义，反而瞧不起优学之人；有的年轻人刚踏入社会，对实际工作不太上心，却一心钻营人情世故，还扬扬自得于处世之道；还有的年轻人尤其爱在白天做梦，口号喊得响，却好高骛远、眼高手低，从不付诸实践。殊不知，欲成就一番事业，功底必须要过硬。马步扎得稳，才能成为功夫高手，不然三两招就露出了马脚。

　　这碗垫底的"酒"要绵，久久为功。或许受一些不良社会风气影响，一些年轻人觉得成功有"捷径"，比如攀权附势、弄虚作假，游走于规则边缘。但这绝不是人间正道，更不是当代青年的"主色调"。小火熬老汤、慢工出细活，真功夫不是歪门邪道，也不是数日就能练好，而往往需要一个相对较慢的过程，功成之前，你所要做的就是坚持与等待。沉得住气是年轻人的第一等功夫，不半途而废，不三天打鱼，两天晒网，更不会因慢而急，乃至泄气、沮丧。

　　这碗垫底的"酒"要厚，品得百味。体育赛事中，有的队伍顺风局打得信心满满，但比分一落后就像泄了气的皮球，乱了阵脚、没了章法。人生的"顺风局"并不难走，但未必是常态，不如意事十之八九，有的人出身优越，从小到大未经历过苦难，顺风顺水一路来到社会上，离开了父母和学校的保护，却发现外面的世界并不如想象中那般美好和友善。如果把苦难比作一碗垫底的酒，那么凡是饮过此酒的人，就什么样的酒都能够驾驭，其后大多能面对困难而眉不皱，遭遇挫折而心不惊。许多古今中外的仁人志士，暮年都将年轻时经受过的苦与难视作人生中最宝贵的财富。正所谓文王拘而演《周易》；仲尼厄而作《春秋》；屈原放逐，乃赋《离骚》。"天将降大任于斯人也，必先苦其心志，劳其筋骨，饿其体肤，空乏其身，行拂乱其所为……"苦难这碗垫底酒，一朝饮罢，终身甘饴。

　　都说诗酒趁年华，时间如白驹过隙，青春年华忽然而已，所以要做自己想做的事情，活出精彩真我。可意气风发不等于肆意任性，成长的道路还需要沉淀和磨炼、需要原则和底线。那么，趁年轻，喝下这碗垫底的"酒"吧！

（《人民日报》2017 年 4 月 11 日第 19 版）

寻找大时代的浪漫

沐 沂

这两天，一个叫范雨素的育儿嫂，成为"屏"时代的又一匹野马。她的一篇自传性文字，以"令人炸裂"的力量感，在各种社交网络横冲直撞。与此同时，产生范雨素的皮村，一个距离北京首都机场15分钟车程的"城中村"，再一次被推到公众面前。

我的一个同学，一个年轻的文艺理论研究员，3年前跟皮村结缘，成为范雨素们的写作老师。尽管他因此牺牲掉很多业余时间，但清晰体验到打工群体中出现的"彷徨与觉醒"，让这位关注大众文化的学者兴奋不已，"不能奢望写作真能改变他们的命运，但他们是在透过写作理解自己"。

由此想到几年前一位叫沈之嘉的清华毕业生，她力排众议，选择到基层技校当老师，她对自己知识分子的身份充分体认，并以培育中国未来新工人为使命。她向记者谈到自己对"浪漫"的另类理解："当你看到社会进步的一个方向，感觉自己跟那么多劳动群众的命运联系在一起，你作出一个自己认为比较自由、但在常人看来也许不那么正常的选择时，这何尝不是另一种浪漫呢？"

许久未见的"浪漫"！浪漫被降格以待，成为儿女情长的专属，已非一日。能有人高擎理想火炬，在大时代、大潮流中寻找大格局的浪漫，的确是令人惊喜的事情，这甚至令人看到历史深处那些青年的影子——

他们慧眼看穿历史迷雾，舍身开拓民族进步阶梯，把个人的青春与生命奉献给崇高的事业，"年纪轻轻就做大事，年纪轻轻就丢性命"。一部近代救亡图存的中国革命史，就是一部荡气回肠的青年史诗。

临近"五四"青年节。回望历史，回味初心，恐怕是今天我们纪念"五四"的正确姿势。"五四"运动让中国青年作为一个群体登上历史舞台，也同时赋予了中国青年爱国、科学、民主、进步的基因。时时向前回望、向内观照这些基因，让一代代中国青年奋勇向前，创造了属于自己的史诗。

年轻人爱读的修仙小说中，主人公遇到修炼瓶颈时，如果觉醒了血脉记忆，便能一日千里、登堂入室。当下，在技术浪潮和消费主义中沉溺与迷惘的年轻人，需要给自己一个契机，让传统"灌"顶，唤回应有的青春活力。

如果你是一名纪录片导演，眼下就有一个绝佳的选题——记录一个时代病患者的一天。互联网正深刻改变着当下，这种改变已经突破表层，直达生活方式层面。其中令人费解的一面是，丰裕的时代，却充斥着贫乏的生活。

我们的周边有个庞大的症候群，他们有着标准的动作与姿势——他们是"画符者"，拇指因为多动而格外灵巧，手指在屏幕上如跳舞般飞旋，擦擦划划，对抗着无聊与寂寞；他们是"无力者"，无力出游、无力健身，甚至无力吃饭，一天劳累后，何以解忧，唯有"沙发瘫"；他们又是"孤独者"，即时社交软件的红火并没有解救孤独的人们，家人围坐的温馨，被换作各自刷屏的场景，面对面、心贴心的交流变得奢侈……

不仅不浪漫，甚至有些病态的生活方式，注定最终无法标示我们的时代。被瓦解了想象的年轻人，只有安身于"随大流"中才能找到安全感；而真正的安全感，却与此完全不同。应该像奋斗着的沈之嘉们一样把个人志趣与时代的使命相契合，在实践中训练解读世界和现实的能力，然后一步步让理想盛开于时代。

与其被裹挟，不如去引领。叔本华说，希望你在年轻的时候就学会独处，能自得其乐并圆融于自我，这才是你要学习的。"五四"之际，祝福每个率先觉醒于喧嚣和功利的青年，正如 20 世纪 80 年代年轻人自信地吟唱："亲爱的朋友们，美妙的春光属于谁？属于我，属于你，属于我们 80 年代的新一辈……"

（《人民日报》2017 年 5 月 2 日第 19 版）

别把自己困成"方塘中的小鱼"

李昌禹

大学那几年，你最后悔的事是什么？

在网上，有人抛出这样一个"扎心"的问题。五花八门的众多答案中，有一个寻常的回答却戳中了不少人的心窝——后悔当初没有好好学习。

"上学的时候，觉得学习没什么大不了，学习好也不过是分数高。工作后才发现，原来学习是一种优秀的习惯，这种习惯让你以后无论做什么都能一直优秀下去。"有人这样说。

青春，是一段曼妙而短暂的时光。如果把人的成长比作一株谷类植物，由苗而秀，由秀而实，那么人的青春年华大致相当于"秀"的那一段落，也是最需要养分滋润的一段，"秀"的程度，直接决定了以后"实"的大小。怎么补充养分？对于年轻人来说，最好的办法，莫过于读书学习。

5月3日，习近平总书记在中国政法大学考察时这样勉励学子："青年处于人生积累阶段，需要像海绵汲水一样汲取知识。广大青年抓学习，既要惜时如金、孜孜不倦，下一番心无旁骛、静谧自怡的功夫，又要突出主干、择其精要，努力做到又博又专、愈博愈专。"

的确，年轻的时候，记忆力好、接受力强，自当抓紧学习，读一些对自己终身成长具有关键性作用和决定性影响的好书，方能打牢人生的根基。1969 年，16 岁的习近平来到陕北延安梁家河村，开始了 7 年多的知青生活。每天晚上和午休间隙，习近平最喜欢在窑洞里看书。书是他下乡时带来的，满满一箱，借着墨水瓶做的煤油灯，他一读就是许久。可以想见，这些静谧自怡的读书时光，对他树立为国为民的大理想、拓展胸怀天下的大视野极有裨益。

"吾生也有涯，而知也无涯。"其实，人类自有了认知以来，就面临着有限与无限的矛盾。既然人生的长度有限，如何延展生命的宽度与厚度，让生命更丰满？学习就是一种对生命的延展、对人生的发现，如果把每个人的世界比作一个圆，那么学习就是半径，半径越大，拥有的世界就越广阔。学习，为我们扩大了精神世界的空间与容积，学无涯，思无涯。

具体来讲，一个人的实力绝大部分来自各种形式的学习，学习可以广智慧、可以解疑惑、可以辨是非。无论是科学领域的客观真伪判断，道德领域的善恶判断，艺术领域的美丑判断，还是生活方式的价值判断，无不需要通过学习来砥砺打磨。

学习如此重要，以至于俄国科学家罗蒙诺索夫曾这样高喊："对我来说，不学习，毋宁死。"

尤其在当下时代，可正应了一句话：人之为学，不日进则日退。信息爆炸，知识碎片化，加上商家投其所好，人们在信息的读取和选择上变得任性和懒惰。我们在网上好像什么都能看到，但很多时候，我们并不是什么都想看到。这个时候，其实更需要从"热闹"中抽离出来，强迫自己通过学习，读一些难懂的"硬书"，打开眼界，滋养一方丰盈辽阔的精神世界。如此，才不至于陷入信息化的旋涡，被肤浅的东西干扰视线。

这一点，古人也早有提醒："涉浅水者见虾，其颇深者察鱼鳖，其尤甚者观蛟龙。"学习是一个由浅入深的过程，当通过读书学习把自己的见识修炼得炉火纯青时，看人生、看万物的能力自然会高出一筹、深入三分，生命的视野将会打开到一个新的宽广度。

"青年人正处于学习的黄金时期，应该把学习作为首要任务，作为一种责任、一种精神追求、一种生活方式。"正如习近平总书记对青年的谆谆告诫，梦想从学习开始、事业靠本领成就。"夫尺泽之鲵，岂能与之量江海之大"，如果你期望的是到大江大海之中于尤深处观蛟龙，就不能在年轻的时候把自己困成"方塘中的小鱼"。

而改变的途径，就是学习、学习、再学习。

（《人民日报》2017 年 5 月 9 日第 19 版）

一双慧眼借不来

沐 沂

"借我借我一双慧眼吧，让我把这纷扰看得清清楚楚明明白白真真切切。"这首《雾里看花》在20世纪90年代曾火热街头，在年轻人中传唱之广，一时无两。歌曲能流行，多少要表达一些时代或群体的情绪。词作者阎肃连用3个叠词，酣畅淋漓，其间的无限迷惘与期待，正是浓浓的少年情怀。

迷惘是成长的先声，尤其对于青少年来说。因为心中有疑，就要花费心力去回答它，这个过程中就孕育出了进步。这是一个美妙的过程，突破旧我，迎接新我，"苟日新，日日新，又日新"，如同初阳般蒸蒸日上。而这个孕育的过程中，最重要的一个环节，就是思考。

5月3日，习近平总书记在中国政法大学考察时勉励年轻人，要把学习同思考、观察同思考、实践同思考紧密结合起来，不断培养和训练科学思维方法和思维能力，习近平总书记特别指出："养成了历史思维、辩证思维、系统思维、创新思维的习惯，终身受用。"

思考之于人类的意义不言而喻，古今中外多少哲人用思考的乐趣来劝谕世人，西哲一句："我思故我在"，表达得最为干脆——当我使用理性来思考的时候，我才真正获得了存在的意义。从个体来看，学习而来的知识、观察而来的讯息以及实践获得的经验，只有经过深沉的思考，才可能真正内化为人生财富。

其中最为关键的是，在思考中习得的科学思维方法和能力，将成为你认识世界和改造世界的利器。

作家柳青说过一句著名的话："人生的道路虽然漫长，但紧要处常常只有几步，特别是当人年轻的时候。"走好这紧要的几步，关键是要把握历史和时代的发展方向，同时要对自己能力和禀赋有清晰的认知。这两者，都需要科学的思维方法。

我国工程院院士王泽山，曾一获国家科学技术进步奖一等奖、两获国家技术发明奖一等奖，被称为"三冠王"院士。他在年轻时确定自己的研究选题时有三原则：客观需要、国际前沿、有能力解决。据此他作出了迥异于常人的选择——"选择了陆军，选择了火炸药"，这在当时可是窄门和小道，他却坚定地一直走，最终走出了一条康庄大道。

掌握了先进的方法论，人生便如同"开了挂"。王泽山院士迄今为止已经有了 20 多项发明专利，他坦陈，他的大部分创造性思考，正是来源于自己独特的思维方法。其实，科学思维方法，就是能引导我们运用自己的智慧，去创造性地开展工作。试想，不管做什么事情，如果总是能够切合实际地提出问题，而又有了解决问题的正确方法，基本就成功一半了。

科技让人类发展驶入快车道，当下青年面临的主客观世界，其丰富程度已今非昔比。但丰富的痛苦也接踵而来：多元社会、多元价值；信息过量、泥沙俱下……正可谓纷纷扰扰，纷繁复杂。不论要看得更清楚还是干得更明白，都需要科学的思维方法。

历史思维，能让你找到潜藏于时间长河里的逻辑链条，塑造一个更好的未来；辩证思维会让你看到一个更全面的世界，走得踔疾而步稳；系统思维可以无限拓展你的胸怀与视野，让你走向人生的高地；创新思维赋予你满满活力和创造力，昂首走在创新创造前列……

笛卡尔说："意志、悟性、想象力以及感觉上的一切作用，全由思维而来。"想要一双慧眼，借是借不来的。唯有改善心智模式，养成思维习惯，长此以往，自然眼明而心亮。

（《人民日报》2017 年 5 月 23 日第 19 版）

阿仓的风骨

王慧敏

人生，遇到困厄怎么办？我总想起中学时的同桌阿仓。

阿仓是高一转学到我们班的。他的父亲原是省秦剧团的台柱子，"文革"期间被"发配"回原籍改造，当时才刚刚平反返城。

阿仓的个子全班最高，人缘也好，功课却差得出奇，每次考试都全班垫底。他告诉我，在农村上的是"复合班"，底子没打好。而他的父亲是那种旧社会过来的艺人，吃尽了没有文化的亏，所以对阿仓的成绩看得很重，考不好，回去就是一顿暴揍。

为使他免受皮肉之苦，每次考试，我都把考卷往他那边挪挪。可他，压根儿不瞧。我劝他先应付过去再说。他始终不为所动。

大学没有考上，阿仓顶父亲的班进了秦剧团。后来秦剧团不景气，他被"分流"下岗了。此后，他蹬过三轮车，摆过地摊，在建筑工地砌过墙……一直没有一个正经营生，全班同学中属他日子过得最孽障。可每次同学聚会，问起近况，他总是憨憨一笑："好着哩！好着哩！"

再后来，他结婚并有了一个女孩。不幸的是，女儿颖颖患先天性耳聋。小家伙我见过：长得可爱极了，也很懂事，见了客人，总礼貌地甜甜冲你笑。为了治好孩子的病，阿仓两口子天南地北地求医问药，不但把父亲留下的房子卖了，还欠下一屁股债。

同学们想变着法儿帮阿仓一下，都被谢绝了。譬如，每年在春节或

"六一"，你找个借口给他寄点钱，他又变换个花样寄回来，数额比你的还大。

一次，我在黄河"小浪底枢纽"采访，闲暇看了工地业余剧团的演出。听着稀稀落落的掌声，工程队的领导有些不好意思，说："招不到像样的演员……你走南闯北的，有合适的帮着推荐一下。"

我便想到了阿仓。虽然他没有上过专门的学校，但毕竟是"门里"出身。一推荐，人家很高兴，邀请阿仓来试试。一曲《斩单童》，剧团领导脸上乐开了花。

可是不久，我听说阿仓死活不干了。打电话问他，他说，剧团还有一个唱秦腔的，他一来，人家就得下岗。"怎么着也不能呛人家的行。"阿仓的语气很坚定。

阿仓干得最久的营生是卖水果。在小区租了一个小小的门面，每天天不亮就蹬着三轮车去码头批发鲜果。阿仓的妻子偷偷告诉我：阿仓的腰肌劳损越来越重，他一直背着闺女。

日子过得飞快，颖颖不觉已长成了大姑娘，在聋哑学校念书。有一次，阿仓在电话里告诉我："闺女一直念叨呢，'上有天堂，下有苏杭。'假期咱去杭州看看王叔叔吧。"

我便一次次发出邀请。

去年冬天的一天，单位的门卫告诉我：一大早，来了三个外地人。让把一个纸箱子转给我。并再三嘱咐，一定要等到晚上再告诉。

打开箱子一看，是一瓶瓶我爱吃的油泼辣子——不用说，是阿仓一家了。我赶紧拨通了阿仓的手机。电话那头阿仓很兴奋："快到家了。你侄女看到西湖了，高兴着呢！"

我责怪他为什么来也不打个招呼！他说："不能给你添麻烦。我们就住在离你单位不远。你单位对面有一座桥。这几天，一到晚上我们一家三口就坐在桥上边看风景边看你的办公楼。四楼有个窗口一直亮着灯。

闺女说，说不定是王叔叔在写作呢……"

我的眼睛湿润了。我想告诉颖颖，亮着灯的那个房间，确实是王叔叔的。我还想告诉颖颖，她的父亲阿仓，像一把标尺刻在所有人的面前！

"青年在成长和奋斗中，会收获成功和喜悦，也会面临困难和压力。要正确对待一时的成败得失，处优而不养尊，受挫而不短志，使顺境逆境都成为人生的财富而不是人生的包袱。"习近平总书记这段话，其实阿仓一直在践行。人生路上，尽管困厄频频，但他始终没有屈服，在柴米油盐的日常生活中，活出了骨气，活出了大气！

面对那把标尺，我不断提醒自己：无论碰到怎样的人生境况，都要像阿仓那样奋力挺直腰杆！

（《人民日报》2017 年 6 月 6 日第 19 版）

一味向平实处用心

徐元锋

2014年5月在北京大学师生座谈会上，习近平总书记谆谆教导："青年有着大好机遇，关键是要迈稳步子、夯实根基，久久为功；心浮气躁、朝三暮四，学一门丢一门，干一行弃一行，无论为学还是创业，都是最忌讳的。"立定脚跟滴水穿石的笃实劲，确是成功的根基。

修炼笃实，不妨看看曾国藩的一封家书。

1858年正月，丁忧在家的曾国藩致信九弟曾国荃，说"近日忧居猛醒，一味向平实处用心，将自家笃实的本质还我面目、复我固有"。头一年，曾国藩在江西战场得到父亲去世的消息，正值诸事不顺，他还没接到皇帝批准的圣旨，就"撂挑子"回家奔丧。此次在家守制的一年五个月里，曾氏深刻反思检讨自己。他在信中教导"曾老九"："亦急需将笃实复还，万不可走入机巧一路，日趋日下也。"

俗话说老实人吃亏，但如果"老实"加上"实干"变"笃实"，非但不吃亏还更能成功。在晚清"同治中兴"的诸臣中，曾国藩应算是"平庸"的一个：他没有胡林翼的运筹权衡，没有左宗棠的凌厉善断，也没有李鸿章的机巧明快。但几人中，曾国藩又是成就最高的那个——信奉"唯以天下之至拙，能胜天下之至巧"的笃实风格，是他的过人"法宝"之一。

笃实，从字面上理解是"笃定实干"，包含着品格和行动两方面的要求，做到很不容易。没有持之以恒的定力，没有攻坚克难的劲头，没有一番"动心忍性"的考验，也笃实不起来。唯其如此，捷径的诱惑、精神的懈怠甚至弄虚作假，都会使人"走入机巧一路，日趋日下也"。正像"由俭入奢易，由奢入俭难"，需要防微杜渐，警惕"剧情反转"。

现实也是如此，由实在转向虚浮的人多，而从投机取巧变得笃定实干的人少。一个在学校里还踏踏实实的年轻人，走入社会没几年，就变得油腔滑调、心机重重，这种例子不少。曾氏在翰林院时就推崇理学，自己更名"涤生"，还坚持写日记、做"日课"。后来办团练，兵不厌诈，还得处理好上下左右的关系。他在信中坦言"吾自信亦笃实人，只为阅历世途，饱更事变，略参些机权作用，把自家学坏了"。

解铃还须系铃人，要迈过"机权作用"的坎，把"笃实"坚持到底，关键是自家要"一味向平实处用心"，用笃实的精神去落实笃实。曾国藩后来在军中"结硬寨、打呆仗"，为官"不忮不求"，甚至说"纵人以巧诈来，我仍以浑含应之，以诚愚应之，久之则人之意也消；若钩心斗角、相迎相距，则报复无已时耳"，正是一贯"拙诚"的表现。"笃实"是个知行合一的过程，它不是孤立的，连着豁达的心胸，连着处事"打掉牙和血吞"的坚毅忍耐，也连着一颗赤诚的心。古人说"不诚无物"，没有对事对人的诚实敬畏，笃实也成了无源之水。

大而言之，笃实的个人修炼也连着政风民风。历史上的仁人志士，虽身处污泥浊水中，还追求"善修其身"并"兼济天下"。而反腐倡廉深化改革的今天，正值激浊扬清匡扶正气，更是青年人将笃实"复我固有"、踏踏实实做人做事的好时候。

（《人民日报》2017 年 6 月 13 日第 19 版）

如何突破"创新困境"

李洪兴

亲爱的朋友,来信收悉。

你我在互联网的两端,虽不曾相见,却从未停止讨论和思考。

前几日,你来信探讨"创新"一事,真是天大的问题。除了批评我无甚创新外,如文字缺乏感染、表达略显陈旧、思考稍微浅显,主要还是纠结一件事:创新劳神费力,未必有结果;如果不创新,可能被淘汰,何去何从?我们姑且称之为"创新困境"。

你正在忙一个项目,是创新工程,算得上创新事业,有这样的困扰在所难免,也属正常。一个为了改变多数人的生活方式而忙着创新创造的人,总是比其他人想得多、思考得深。要知道,在思考、能思考、会思考本身就是创新能力不可或缺的基础,从来没见过"随大流"或"原地转"就能捡到灵感的。我们可以尽情地质疑,这样能激发想象,但没必要陷入"质疑的质疑",因为它可能在不经意间消耗思考力。与其这样,不如留着去思考必要的改进。

当然,你是"年轻"的。尽管没有见过面,但是我认定"年轻",因为创新永远属于年轻一代。这不是年龄歧视,因为抛开岁数,只要从事创造性的工作、创新性的活动,都需要一颗紧跟时代的头脑,它早已超越了岁月,而这种年轻最富有生命力和感染力。如此,为何还纠结心神不济?为何还纠结所谓的"回报"?

你的苦恼是多数创新创业者的困惑。一面是寻找不一样的冲动和激情，一面是找不到答案或没有被认可的失落；一面在积极探索另一种可能性，一面是不知如何让这种可能性落地生根；一面是想尽力搭上创新潮流的快车，一面是在十字路口张望却不知车的方向，害怕错过最后一班……创新值得尊敬，创新想法应该碰撞，但更重要的问题是对未知的恐惧。"创新困境"的原因在此，创新的魅力也在于此。试想，如果做不做、试不试，都能看到结果，创新就失去了意义，创新的过程也失去了乐趣。

最近，我参观了一个科技馆，有个展区叫"探索之光"。在那里，展现了近代以来的科技成果，如相对论、量子论、分子遗传学、基因工程、克隆技术等。很抱歉，一些粗浅的了解不足以拿出来说道，不过孟德尔豌豆实验的故事值得分享。起初，豌豆实验是为了获取优良品种，孟德尔却看出了"杂交规律"，他开始了长达 8 年的实验，种植、杂交、观察，如此周而复始，最终发现遗传规律。当时，他给科学家们宣读论文，或许太超前，或许太枯燥，难以达成共识，成果被埋没了 35 年，直到他逝世 16 年后，孟德尔寓言的"我的时代"才到来。

创新创业与科研活动不同，在一般意义上进行比较也可能有失恰当。不过，它们有个共同点，就是不知道结果却要寻找答案。这是科研的精神，何尝不是创新的精神。创新就是要打破心中的魔障，让"探索之光"最终发出"智慧之光"。

因为存在未知，因为心有畏惧，所以，创新更要"站在未来看今天"。我们今天的创新，就是要营建未来的世界；未来如何想象，才能促使今天如何改变。如此来看，暂时得不出答案的创新之举，不是可有可无的鸡肋，不创新，什么都不会发生，只有坚持创新才能孕育改变未来的种子。每个创新创业者的眼中都有一个未来图景，关于幸福、美好与梦。今日的创新之劳神不过是创造未来的汗滴，倘若患得患失，即便不错过车，也会搭错车。

亲爱的朋友，我们不曾相见，送一句习近平总书记的寄语给你："要敢于做先锋，而不做过客、当看客，让创新成为青春远航的动力，让创业成为青春搏击的能量，让青春年华在为国家、为人民的奉献中焕发出绚丽光彩。"

以上。祝你在创新之路上引领未来。

（《人民日报》2017 年 6 月 20 日第 19 版）

激荡理想主义的情怀

李浩燃

随着各地陆续公布高考分数线，今年的高考考生，已经迈进了填报志愿、等待录取的关键阶段。对不少人来说，由于分数并不具备绝对优势，难免会遭遇纠结：追求综合排名靠前的好学校，可能意味着放弃心仪专业；而坚守最初理想，也未必契合师长眼中"好就业"的热门之选。

人生路漫漫，可说是"不如意事常八九"。考大学报志愿，正如同某种隐喻：在青春的旅途上，两全其美的事情，总是少之又少。一边是源自内心的淳朴理想，一边是不期而至的坚硬现实，年轻人似乎经常需要直面"两难"考题，也容易灰心丧气。"每一代青春都不容易，但我们这一代尤其不易""理想是奢侈品，谈现实才接地气"……观察一些青春身影，一些人早已被现实捆住了梦想的羽翼，因而胸中充满秋意，散发着沉沉暮气。

20世纪80年代，"人生的路呵，怎么越走越窄"的潘晓之问，被称为"一代人的精神初恋"。这种困惑与苦恼，刻印着理想主义的底色，植根于青年群体对精神出路的集体追寻。今天，年轻人的确面临着比以往更激烈的社会竞争，更沉重的生活压力；在一线城市，有的人为找一份体面工作而辛苦奔波，有的人为下个月的房租而倍感焦虑。但同时，时代也前所未有地开放、多元，让青年拥有了更广阔的舞台。如果自甘埋首于现实的泥淖，终日慨叹"没有房子，奋斗再多有什么意义"，这样的青春，只会黯淡无光。葆有理想、点燃激情，以拼搏赢得更多可能性，才能成就青春之光、青春之华。

托尔斯泰说："理想是指路明灯。没有理想，就没有坚定的方向；没有方向，就没有生活。"回溯历史，一代又一代共产党人前赴后继、不畏牺牲，毅然拥抱真理；一批又一批热血青年不甘平庸、至诚报国，只因心中理想。理想，无疑是青春的光与热，助力人生的航船扬起风帆。在微视频《青年榜样习近平》中，习近平总书记当年在陕北农村插队的时光令人印象深刻：他下雨刮风在窑洞里铡草，晚上看牲口，什么活都干，可再苦再忙，也没有放弃读书。可见，即便环境很艰苦，书籍也犹如一盏明灯，照亮了人生之路。而理想主义的情怀，也自然能转化为砥砺奋进的磅礴力量。

青年一代有多高远的理想，国家就有多光明的未来。著名地球物理学家黄大年在大学毕业时，曾在赠言册上动情写道："振兴中华，乃我辈之责！"他是这样立志的，更用一生去诠释了这一青春誓言。"青春须早为，岂能长少年。"成就一番伟大的事业，总得从青年时代开始。诚如哲人所言，"如果我们选择了最能为人类福利而劳动的职业，那么，重担就不能把我们压倒，因为这是为大家而献身"。舒展青春意气、激扬报国情怀，把个人理想志愿同国家前途、民族命运结合起来，青年才可言不负韶华。

方志敏16岁时，写过这样一副对联：心有三爱奇书骏马佳山水，园栽四物青松翠竹白梅兰。怀抱理想、以梦为马，孜孜以求，我们何愁不能成就"有信念、有梦想、有奋斗、有奉献的人生"，何愁无法抵达心目中的远方。

（《人民日报》2017年7月4日第19版）

"两把刷子"如何而来

吕晓勋

    汽车喷漆，一般会喷 5 到 6 层。判断其好坏的一个重要指标，就是油漆是否均匀。

    不超过 0.01 毫米，相当于一根头发直径的 1/6 左右，是世界技能大赛汽车喷漆项目对油漆厚度所允许的最大误差。2015 年，杭州技师学院的 90 后青年杨金龙凭借高超的技术，获得了这个项目的冠军，实现了该赛事中国金牌零的突破。

    "技可进乎道，艺可通乎神。"杨金龙能取得这样的成绩，和他自带一股钻研劲儿有很大关系。出于对汽车喷漆的浓厚兴趣，这项在别人看来又苦又累的工作，他一坚持就是 7 年，"有时候想一个钣金或者喷漆的问题，就能在寝室一个人琢磨一天"。

    很多人不知道的是，上学期间，杨金龙常常为了攻克一个问题而在实训车间待到很晚；因为训练喷漆时不能有对流，不能有任何灰尘，夏天不管多热都不开空调；为了增强自己的肌肉力量，他每天举哑铃锻炼……荣耀背后，体现的正是小伙儿坚韧不拔、不断追求卓越的钻研精神。机会总是留给有准备的人，1994 年出生的他，不仅是学院最年轻的教师，也是浙江省首位特级技师。

    杨金龙的经历或许无法复制，毕竟不是谁都对喷漆感兴趣。但是他的成长成才之路，这个社会分工日益精细化和高度专业化的时代，无疑具有标志性的意义——只要手里有"两把刷子",走到哪儿都不用怕没饭吃。而决定"刷子"质量的关键,就在于我们对于为工、为学的态度。

有位科学家曾提过一个"摘苹果"的理论。一片苹果林里,伸手就能摘到的苹果,肯定被大个子摘光了。小个子要想有收获,就要站在别人够不着的地方摘苹果。这个地方的高度,即取决于我们钻研某项技术、学术,所积累的实践、理论厚度。厚积才有薄发,不管是选择继续坚守"象牙塔",还是走向社会开始人生的打拼,如果在大学里就能确定自己喜欢干的事情,并在相关领域深潜下去,至少在毕业时,你会比一般人具备更雄厚的知识势能和实践动能。

不可否认,如同汽车喷漆训练,很多时候,即便方向对了,付出了大量的时间和精力后,学术研究、工作可能还是不见有明显的起色。这时难免会产生迷惘:是戛然而止,还是继续前进?应该说,遇到这样的瓶颈实属正常。因为质变总是在量变积累到一定程度才会发生。就像骑行上坡路,前面的数千次用力蹬踏,能保证你在前进,却并不能改变道路的坡度;咬咬牙,挺过顶峰了,才能看到一片从未见到过的美景。

可能有人会疑惑,钻研学问也好,潜心技术也罢,有形和无形的成本投入都不小,有时甚至会耽误干其他可能更有"前途"的事,如何保证自己的付出不会石沉大海?记得本报曾刊登过一篇工科生的来稿,工作5年后,他发现"那些没什么技术特长的同学,总是在不停换工作,卖保险、搞工程、开网店,到处折腾,还是在原地打转,没多少进步"。对比之下,翻阅各领域大师们的成才事迹,则不难发现他们的成功惊人的一致:耐住寂寞、拒绝浮躁,总是醉心于自己的专业事业。所谓钻研,其魅力和价值正在于此吧。

习近平总书记曾勉励青年学子,"为学之要贵在勤奋、贵在钻研、贵在有恒",没有钻研、没有沉潜,哪来超越?大学阶段,恰同学少年,风华正茂，有老师指点，有同学切磋，有浩瀚的书籍引路，可以心无旁骛求知问学。此时不努力，更待何时？像企鹅一样扎到海里来获取更大的压力和浮力，像燕子一样通过低飞来积蓄力量，假以时日，谁能说，我们不会遇见一个更美好、更强大的自己？

（《人民日报》2017 年 7 月 11 日第 19 版）

少"走神"，多"走心"

魏哲哲

当下，大龄青年的婚恋问题大有成为社会老大难的趋势。为啥单着？年轻人的理由五花八门，而"工作压力太大了，我没时间"差不多是高居榜首的理由。不是不渴望浪漫的爱情、温馨的生活，可是工作和生活兼顾起来好难啊！不少人发出这样的感叹。

乍一听，貌似很有道理。是啊，即使是已经在社会中摸爬滚打过的"老手"，如何有效工作让同事认可，如何兼顾家庭让亲人温暖，也依然是十分头疼的话题，更何况是摸着石头过河的年轻人呢？他们的社会阅历、工作经验都处于积累阶段，需要在职场上更多的磨砺打拼，所以在生活方面有所短缺也很正常吧！

再想一想，的确如此吗？一位长辈的故事或许能有启发。在单位，她称得上是大忙人。身为一名中层领导，属下每个人负责的项目都要再经她审核把关，同时还有大大小小的会议要开、一大堆工作要协调……然而，即使任务繁杂，她却有着自己的节奏。让我更为羡慕的，是这位长辈结婚 20 多年始终和谐美满的家庭生活。不时晒出亲手做的家常菜，不时和家人出现在阳光沙滩……向她请教秘诀，她说得很简单："做个有趣的人！"

这让我想起了我的另一个朋友。小伙子在基层科研单位工作，工作总是一板一眼，实验多、下班时间不固定，不过他却也过出了规律：上班前要走路锻炼半小时，下班回家要给家人温暖的拥抱！"我们可以对陌生人和颜悦色，对待亲人难道不应该更温暖吗！"聊天中，他分享自己的人生哲学："要像蜜蜂一样工作，像蝴蝶一样生活！"

认真生活的人才有资格获得幸福。朋友的这句人生信条，表达的正是这层意思，蜜蜂式的细致严谨正是工作状态的需要，蝴蝶式的翩跹斑斓正是生活情趣的最好比拟。工作生活都是人生的必修课，二者本应是良性互动关系，只不过需要我们去体悟把握好他们的不同范式和节奏。

细心观察，每个人的周围都有如上述两位一般的幸福代表。不过，在旁人看来工作生活两不误的开挂人生，背后也充满付出和汗水，而不是有多好运。像我的这位长辈，每周一都会将一周工作计划安排好，哪个时间节点完成什么内容，极其细致，别人犯拖延症、刷手机的时候，她在抓紧完成这个时间段的工作；我的那位年轻朋友也是如此，面对压力和瓶颈，他选择认真对待：一遍遍严谨重复枯燥实验，耐心开解有小情绪的女友。其实，概括起来他们幸福的核心也不外乎"走心"二字。

工作上走心，才能认真不浮躁；生活中走心，才能有趣有温度。我们往往一边吐槽恋爱没时间，却在一遍遍刷着朋友圈寻找存在感；一边抱怨工作压力大，一边却总是拖延到最后一刻……事实上，我们在工作生活中的不满意很多源于"多走了神，而少走了心"。的确，人生路上充满诸多不易和挑战，不过，真正的幸福路障从来都不是工作生活本身的羁绊，而是缺少向内寻找幸福的走心态度。

"愿你双手永远忙碌，愿你脚步永远轻盈。"摇滚歌手、诺贝尔文学奖获得者鲍勃·迪伦写给儿子的歌词有着异曲同工之妙，代表着工作和生活态度的两面。同时，也启迪我们青年人，面对人生考题用什么态度和方式交出完满的答卷。

（《人民日报》2017 年 7 月 18 日第 19 版）

批判精神不等于"我不信"

丁雅诵

时常发现身边有一些偏执而又矛盾的年轻人：

他们好像对这个社会有点"怨气"，觉得许多事情"不单纯""有内幕"。看到好人好事，会阴阳怪气地说"没准是为了追名逐利"；看见街头执法，会先入为主地断定"城管没一个好人"；见到有人走红，就要揣测一番"背后的金主是谁"……他们总在怀疑，怀疑每个事件背后的动机。

然而这些年轻人似乎又很相信一些所谓的"良言"。听到别人说"读书没用，远不如搭人脉、搞关系"，他们会觉得很有道理；发现有人通过玩弄权术、阿谀奉承得到晋升，他们便将其视为成功的密钥……他们容易轻信，轻信他人口中的"捷径"。

在飞速发展的时代中，我们到底应该怀疑什么，应该相信什么？在纷繁复杂的环境中，我们究竟怎样才能保持自身辨别是非、独立思考的能力？这是青年人必须深入探讨的问题，也是一个人立身处世的原则性问题。

首先需要明确的有两点。一是怀疑是一种有益的思维方式，但批判精神绝不是一句简单的"我不信"，更不是网上一些"喷子"的见谁"怼"谁，而是在丰富的知识与实践经验积累之上作出的理性判断。二是信仰是一种坚定的力量，但相信既不是所谓的"心灵鸡汤"，也不是"意见领袖"的振臂一呼，更不是圆滑世故的"潜规则"，而是内心最崇高的理想与坚守。

不知道什么该信、什么该疑，很大程度上是因为"读书不多而想得太多"。年轻人不妨扪心自问，当你质疑马克思主义的时候，是否读过《共产党宣言》，是否真正理解马克思主义的内涵？当你抨击国家体制的时候，是否了解我国的基本国情，是否深入研究过西方的政治制度？不学习、不积累、不思考，自己的脑袋只会变成别人思想的"跑马场"，人生也会随之陷入迷茫。

与之相应，轻信旁门左道，大多源于急于求成。不少年轻人把精力用在钻营讨巧、结交奉承这些他们认同的"捷径"上，希望借此早早成为"人生赢家"，可惜如此"捷径"却往往令人误入歧途。毕竟事物的发展是一个循序渐进的过程，一心渴望"速成"、一心热衷于"质变"，往往是爬得越快越高、摔得越狠越惨。

怀疑与相信，二者不可偏废。如果一味选择质疑、不愿相信，就会滑向否定一切、解构一切的边缘。相反，若总是自以为是、偏听偏信，则会陷入他人的陷阱、被人牵着鼻子走。在信息庞杂、诱惑繁多的世界中，我们需要批判的精神，需要拨开那些流于形式、浮于表面的东西，看清事物的本质，不断提高个人的思考力、判断力。在充满怀疑、嘈杂喧嚣的时代中，我们也需要信仰的力量，需要保持内心的澄澈，养一身浩然之气，别被油腔滑调、世故老到浸染。

保持独立思考，葆有一颗初心，相信这个世界的真善美，也批判这个世界的假恶丑，用自己的眼睛去看、耳朵去听、大脑去想，再付诸行动，年轻的生命才更饱满更有意义。

（《人民日报》2017年8月15日第19版）

莫做"等船的和尚"

郑　伯

前几日，和一位刚工作不久的朋友聊天。他大吐苦水："上班没劲，不上班也没劲；吃饭没劲，不吃饭也没劲。怎么就那么没劲！"一顿饭的时间，几乎全在抱怨领导不赏识，吐槽自己工作没激情。

"既然如此，为何不振作精神，试着改变现状？""懒得折腾！"面对追问，他一脸破罐破摔的表情。一年前，名校毕业，豪情满怀，如今牢骚满腹、迷茫困顿，急于改变现状却始终站在原点。

其实，不少年轻人和我的这位朋友都曾有相似的境遇，怀抱梦想却裹足不前，稍遇挫折便自怨自艾，永远在等待时机但止步行动。结果自然是梦想搁浅，徒叹怀才不遇。

这让我想起一则故事。穷和尚对富和尚说："我想去南海朝拜。"富和尚大笑：来回几千里，你怎么去？我几年前就决心雇船去南海，现在依然未能成行。穷和尚答曰："我只要一个饭钵就够了。"一年之后，富和尚依然在"等船来"，而穷和尚已从南海归来。

我们周围不乏"等船来"的富和尚。靠星座运势指导人生，靠"水逆"解救失败，靠"转发锦鲤"祈求好运，靠刷微信朋友圈度过工作日……然后双手一摊：听过很多道理，却依然过不好这一生。

逐梦须有行，勇敢迈出第一步，让改变发生。举个通俗的例子，很多人天天喊早起，可一边纠结起床，一边赖床，在浏览八卦和点赞微信朋友圈中浪费了一个又一个清晨。如何改变？定好闹钟，掀开被子，刷牙洗脸，穿衣出门，迎接朝阳，真的挺简单。

"说一千道一万，不如甩开膀子干。"渴望加薪升职，就尽职尽责、努力工作；希冀干一番事业，成为行业佼佼者，就不断提升能力、提高修养。未必如你所愿，至少无愧于心，总好过一边"沙发瘫"，一边在自我设置的牢笼里困兽犹斗。再往大一点说，一些干部，尽管有着带领一方群众致富的决心和豪言壮语，但最后只听雷声不见雨点，如何干事创业？

圆梦须有恒，人生之路，有坦途也有陡坡，有平川也有险滩。恰如杨万里诗道："莫言下岭便无难，赚得行人空喜欢。正入万山圈子里，一山放过一山拦。"因此，在龙游浅滩、大雁低飞时，耐心点，乐观些，慢慢积蓄能量，在挫折中爬起来，再出发。青年时期多经历一点摔打、挫折、考验，有利于走好一生的路。

困难不是人生的负资产，只要理想之火不灭、奋斗之志不移，总会跨过"山和大海"，迈向"诗和远方"。8月15日，习近平总书记给第三届中国"互联网+"大学生创新创业大赛"青年红色筑梦之旅"的大学生回信，就勉励他们"在艰苦奋斗中锤炼意志品质"，才能"用青春书写无愧于时代、无愧于历史的华彩篇章"。

俄国寓言大师克雷洛夫说："现实是此岸，理想是彼岸，中间隔着湍急的河流，行动则是架在河上的桥梁。"年轻人，与其做个"等船人"，不如做个"架桥者"，行动起来，为梦想策马扬鞭！

（《人民日报》2017年9月12日第19版）

从鸡汤到家园有多远

史一棋

如今，随着全民阅读的呼声日渐高涨，不少告别阅读良久的人重新将目光投向落满灰尘的书架，暗暗发誓："从今天起，我要多看书了！"然而，这种激情又常常是短暂的。拂去尘土，双手捧书，不少人忽然发觉：自己还是没法沉下心来专注阅读，尤其是当自己面对深度阅读的时候。

如何面对深度阅读，这是个值得细细思量的问题。泛泛的阅读虽然比干脆不读好很多，但蜻蜓点水的轻描淡写无法达到水滴石穿的深刻效果，更难以深入心灵深处。时间花了很多，精力投入不少，等合上书页，却是一问三不知。这种阅读，毋宁说是消遣。

深度阅读，或许首先应当选好恰当的主题领域。如果所选书籍内容过于深奥，与自身理解能力严重脱钩，阅读是不可能走向深入的。如果平时只阅读中国社会、历史方面的书籍，却拿来一本尼采的《论道德的谱系》，骤然投身西方现代哲学，缺乏必要的知识储备，读来必然是云山雾罩，不得要领。假如平时只是阅读浅近平易的网络小说，突然入手一本大部头的《资治通鉴》，也自然会有不得门径而入的感觉。

将阅读推向深入，就得尊重阅读规律，慎重选择领域，根据自身情况循序渐进、由易到难地完成不同阅读阶段的精神攀爬。准备涉足西方哲学，大可不必一头扎进尼采的悖论思辨和虚无主义中去，不妨先翻看罗素的《西方哲学简史》，了解西方哲学的门派和流变过程，再选择感兴趣的领域渐进深化。计划研究三国历史，如果对《三国志》惜墨如金的笔法感到费解，不如先从一些轻松通俗的三国读物入手，宏观掌握这段历史之后，再回过头来攻读，或许更容易读进去。

更进一步，要想在根本上提升阅读质量，不妨试着变流于表面的零散阅读为主题阅读。其实，阅读也分为不同的层次：第一层是篇章阅读，即读懂一本书中的每个章节；第二层是书本阅读，即领会整本书的意旨；第三层就是主题阅读，即选准某个具体的知识领域，广泛涉猎该领域内有价值的中外所有书籍、资料，甚至相关学者的研究论文，力求穷尽所有。相比主题阅读，篇章和书本层次的只能算零散阅读。

试举主题阅读一例，如将领域锁定为先秦哲学，那么遍览诸子原著只是一个开始，为诸子著作做注者如郑玄、王弼、郭象、朱熹、王先谦等都应在摄取之后批判继承，梁启超《先秦政治思想史》、冯友兰《中国哲学史》等经典的总括性著述也该择精汲取，再如梁漱溟、牟宗三、李泽厚、陈鼓应等知名学者的观点论述也应做到心中有数。

果真能完成这样有效的主题阅读，你自然会成为相应领域的专家，而主题阅读的过程，与其说是在读书，不如说更像在研究。大多数人平时都在进行零散阅读，这未必不好，但正因其零散而容易使阅读泛化，"东一榔头西一棒槌"，最后所得无多。当我们将零散阅读的粗浅体验升华为主题阅读的凝神研究，阅读将不再只是睡前床头的鸡汤慰藉，而是渐渐盛满充盈的灵魂家园。

（《人民日报》2017 年 9 月 19 日第 21 版）

找到自己的瓦尔登湖

吴储岐

人生的许多烦恼，总混杂在对物品的执着中。日本曾流行一种家居整理术，叫"断舍离"，把一些不需要的物件清除出自己的生活。而引申一层，就是透过整理物品除却心中的混沌，让心境明朗而开阔。

人赤裸裸来到这个世界，年岁渐增，周遭的一切都对自身做着加法。在这"加法"中，无论是物质上还是精神上，既有人生之必需，也有无端之累赘。总说"少年不识愁滋味"，可人终究要长大，当小孩子的咿呀童话变为成年人的社交网络时，"取"与"舍"就无时无刻不伴随生活了。

人生难满，盈满则溢。要想有所"得"，必先学会"舍"。从这个意义上讲，"断舍离"是一种行为法则，亦是一种行为哲学，它并不是单纯地扫除、收拾、分类物品，而是重新审视自己与物品之间的关系，将生活的主角从关注物品变为关注自身。

不只外物，人生的许多境遇何尝不是如此。一直以来，你以为的观念其实是你父母的观念，或者是你身边人的观念。比如，到了一定年龄，父母催促你该结婚了，身边同龄人不断传来喜讯，你的内心开始动摇，原本对另一半期许的"不将就"逐渐变成了"将就"，生活的节奏不断被外物所打乱，伴随而来的则是消极、焦躁，甚至自怨自艾。

外物做了主，贼便入了心。对钱财疯狂，钱财便是心贼；对权力崇拜，权力便是心贼；对美色垂涎，美色便是心贼。一旦被外物牵着鼻子走，外物就会变为绳索、束缚和心贼，让你茶饭不思、夜不能寐，最终把你折腾得魂不附体、狼狈不堪。

生而为人，我们要做自身的主角。想要幸福，我们要先放下对幸福的执念。"断舍离"，精髓就在于"能断"二字上。为何能断？因为锋利，因为坚硬。当然，话总是说得轻巧，世上多是"知易行难"之事，一颗坚强的心并不是与生俱有，而是在生活的风吹雨打中不断磨砺、沉淀和成长、成熟。

梭罗的《瓦尔登湖》中有这么一段："我愿意深深地扎入生活，吮尽生活的骨髓，过得扎实，简单，把一切不属于生活的内容剔除得干净利落，把生活逼到绝处，用最基本的形式，简单，简单，再简单。"为了把"过往的生活"逼到绝处，这位毕业于哈佛大学的高才生毅然"能断"，独执一斧，走进瓦尔登湖边山林，自搭小木屋，开荒种地，春种秋收，独居两年写了200多万字的日记随笔。犹如平地一声雷，《瓦尔登湖》给彼时正被大工业发展裹挟的世人提供了一个精神栖息家园。

人生，不过是一场寻寻觅觅，一个不断与物、人、事结缘的过程。当钢筋水泥的高楼大厦压得你喘不过气时，当物欲横流的都市迷得你眼花缭乱时，你是否能借来一双慧眼，把这纷扰看得清清楚楚明明白白真真切切，你是否能在纷繁复杂的周遭聆听初心、断舍离，找到自己心中的瓦尔登湖？

（《人民日报》2017年9月26日第18版）

生活需要节奏感

李洪兴

因为失眠，时间一长，对"熬夜"却没了感觉。直到周围朋友念叨，"年龄越大，越熬不动了""熬一次夜，很久都补不回来"，这才意识到"熬夜"是多数人的苦闷。

熬夜有害健康，已是尽人皆知的常识。可是，面对现实的种种"不可抗因素"，如加班赶工、值夜班等，总是很难在工作生活与充足睡眠之间找到适度的平衡。当然，还有很多人尤其是年轻人，更热衷于"夜生活"，后半夜兴奋也是常有的事。无论情不情愿，现代人的"睡眠剥夺"客观存在。

后果显然也不甚乐观。多数人不会因为熬了夜而无视第二天"八点到岗"的要求，有几人又能时刻都精神饱满，甚至不焦虑、不烦躁？其实，被压缩的睡眠，与其说是"眼皮的战争"，不如说是生活节奏的抗争。我们经历的每一次"睡眠剥夺"，何尝不是"节奏剥夺"？生活，需要保持节奏感。

有两件事很有节奏感，一是音乐，二是跑步。很多人喜欢边跑步边听音乐，或许也是因为节奏感带给人的愉悦。当听到节拍分明的曲子，每个人都会不自觉地跟起来，扭也好、动也罢，即便是一起摇摆，也会平添几分激情。更别说跑步了，在步伐间调整好呼吸，并非易事。对每个人来说，生活奥秘恰恰藏在音乐和跑步的节奏里：音乐过于亢奋，奔跑过于急促，像极了现代人忙碌的快；音乐相当舒缓，奔跑如同踏步，也类似于一些人的失落。人生的快慢、急缓总是在节奏的跳动中转换，关键看如何掌握。

难的是，生活的节奏，或温柔或昂扬，从来不是简单的二分。一些人的确很忙碌，因为能够认清动力和压力的分界点，即便一天有 25 个小时，也不会被高强度、快节奏击倒。而有些人面对生活更多的则是悲观消沉，因为步伐凌乱、节奏慌张，甚至"丧"了起来。就像年轻人中流行的"丧文化"，虽有调侃之意，虽在"我觉我丧"中找到了一块舒适空间，但无意义的放空也换不来想要的激情与活力。实际上，站在生活的路中央，一头是鸡血满满、一头是颓废不堪，向哪个方向奔跑都是自我消耗，非但踩不住生活的鼓点，反而会自乱阵脚。

生活更钟爱有意义的节奏。有三个女孩的故事值得一说：一个 80 后女孩来到陕北农村，住窑洞、种庄稼，写生画画，用颜色绘出黄土高原的感动；一个建筑学博士，随着科研团队来到云南和四川的贫困山区，用双手为当地人改造危房；一个名校毕业生辞去工作，回到家乡，创建书院以传播那些自己熟识的文化遗产。她们既难称伟大又不失平凡，不是因为多么惊天动地，而是把生活过成了自己想要的样子，用恰当的节奏经营生活的美好，于己于人都散发着一种可贵：进击生活，因为热爱，所以精彩。

节奏感像火候，是技术也是艺术，掌握好才能烧出精致。制作一只建盏，若想复原成"曜变天目"，过程中有万千种可能，坯土搅拌的黏度、颗粒的粗细度、上釉的均匀度、烧制的时间与温度等，无不考验制作者的力度、节奏与耐心，精品与次品也往往就在一念之差。时至今日，当人们讨论"精致"与"粗鄙"、"存在"与"意义"时，别忘了还有节奏与秩序。

有人说，熬夜是没勇气结束一天，睡懒觉是没激情开始新的一天。或许夜已深，"内在有激情，但是还是要从容不迫"，这句忠告在耳畔响起时，你是否找到了自己的节奏，重整行装再出发？

（《人民日报》2017 年 10 月 10 日第 19 版）

新时代期待你的青春答案

李昌禹

　　党的十九大期间，4名90后用说唱视频的形式，"写"了一封《写给祖国的信》。他们在"信"中说出了曾经的忧虑和扛在肩上的责任："现在还有不完美，正激励着我们更加努力；祖国，我们将会一起扛起责任，一往无前，去完成属于我们的使命。"朴实的言语，表达了朴实的情怀，很快在网络上流传开来。

　　中国发展进入新时代，相信不少年轻人振奋之余也在自问，当如何才能不负这伟大的时代？

　　年轻人身上担着许多热望。他们的一举一动，无时无刻不牵动着全社会的神经。从对80后"叛逆"的讨论到对90后"自我"的关注，爱深责切，社会对年轻一代的质疑曾不绝于耳。然而，无论是向世界展示中国青年风采的"鸟巢一代"，还是不再迷信西方，在网络上为祖国代言的"自信一代"，一代代年轻人最终以勇敢的行动回应了一个个质疑，让人们对中国年轻一代充满信心。

　　如果把镜头拉得更长些，回望百年，我们会发现这样一幅历史图景：青年与国家民族的命运始终紧紧相连。一代代青年奋勇投身革命、建设和改革大潮，为实现民族独立和国家富强、人民幸福奉献了青春，谱写出一曲曲壮丽的青春之歌。

　　中国青年，靠谱！他们从不曾让热望落空。

历史车轮滚滚向前，新时代扑面而来。这是一个光明灿烂的时代，中国国力稳步上升，"新四大发明"让世界称奇；这又是一个不那么完美的时代，发展的不平衡、不充分并不鲜见。这个时代不缺梦想与激情，创新创业如火如荼，无数人在奋力拼搏中实现人生出彩；这个时代也有浮躁和迷茫，消费主义大行其道，娱乐至死危险未除……

在这样一个时代，有无数的成就值得我们自豪，也有一系列挑战需要我们勇敢面对。机遇与挑战并存，困难与希望同在。时代召唤青年走上前去，挑起属于自己的担子，昭示自己的存在。

事实上，青年们已经干起来了。当下正在兴起的新技术革命潮流中，青年一代已然成为挺立潮头的弄潮儿；决胜全面小康的战场一线，年轻人的身影也无处不在。年轻一代富有朝气，不断用新理念、新技术破除改革发展障碍。保持青年人的朝气锐气，焕发青年人的活力创新力，不仅需要年轻人的使命担当，也需要全社会营造好体制机制环境，不断为他们创造机会和条件。

青年兴则国家兴，青年强则国家强。青年一代有理想、有本领、有担当，国家就有前途，民族就有希望。党的十九大报告对年轻人殷殷嘱托，寄予厚望。我们期待，若干年后，当我们回望历史，能够发出这样的感喟：这一代新青年，无愧于他们所处的时代！

（《人民日报》2017 年 10 月 31 日第 19 版）

幸福不只有一种模样

杨　昊

再过几天就是 11 月 11 日，这个原本普通的日子，被生生过成了节日——"光棍节"，这恐怕是年轻人创造力的最好证明。

既然是节日，就要有仪式感。就像过年要吃饺子，过"光棍节"就是要购物。不知是因为"不血拼不足以安慰孤单的灵魂"，还是商家的精心"挖坑"推波助澜，原本只是年轻人的自我调侃，如今演变成了一年一度的网购狂欢。

狂欢是年轻人的权利，但就像过年只吃饺子难免缺少年味儿一样，只是买买东西，这样的节日确也不值得过。狂欢过后，要回归初心。在这样的日子里，最合适的事，是审视自己的感情状态。

"单身狗"最初的自我戏谑，其实夹杂着焦虑与苦涩。日前，一项针对大学生感情状态的调查结果显示，大学生没有"脱单"的比例为 69%，而其中 68% 有"脱单"意愿。真的有这么迫切吗？在恋爱的季节被落下了，心里自然不是好滋味。所以大部分人害怕的其实不是独身一人，而是由此带来的挫败感。

也有一种可能是来自外界的压力，剩男剩女的标签，七大姑八大姨的眼神，都可能为焦虑加码。但想一想就应该明白，此时急于摆脱寂寞和焦虑而"脱单"并不是良策，没有建立在成熟思虑基础上的组合，对双方来说都是弊大于利。最好的状况是，与另一半的相遇是在彼此价值观契合、人格独立的情况下作出的选择。

其实，单身并不意味着一定就孤单。这是一组有意思的数字：我国有超过 5800 万人过着"一个人的生活"，其中 20 岁至 39 岁的独居青年已达 2000 万。当数字大到一定程度，就天然具备了说服力。幸福并不只有一种模式、一种模样。你羡慕别人的甜蜜幸福，也许他们还羡慕你单身的潇洒呢。除了有时候要吃掉不经意间被撒到的"狗粮"，大部分时间你可以拥有整座森林的骄傲和自由。

其实，无论哪种状态，过得精彩充实就好。多元的社会中，个人选择也应该是多元的。单身也许意味着孤独，而孤独正是丰富灵魂的最佳时刻。有了更强大、更丰富的自我，相信你一定会遇到更高层次的缘分和幸福。所以，毕淑敏说："婚姻是一双鞋……不论什么鞋，最重要的是合脚。"你不愿将就，"挑一挑"无可厚非，花些时间找到属于自己的那个，怎么了？

单身并不是错，既然单着就享受当下的洒脱；遇到了值得相伴一生的人，那就好好把握。无论哪种生活，踏实充实最重要。不因单身而颓废消极，也不因他人言语动摇内心方向，随时以开放的心态迎接更多可能，在新时代，有更多机会能够让人实现梦想。不妨放下单身与否的纠结，投身到更广阔的天地，给自己的未来一个更好的交代，无悔青春的选择。

（《人民日报》2017 年 11 月 7 日第 19 版）

战斗着奔向前方

沐 沂

"眼前是一望无际的田野，背后是一排排的厂房，我们的生活就是这样，永远战斗着奔向前方。"近日，美团点评 CEO 王兴回母校清华大学演讲，回忆起 20 年前一位学长曾引用的这句话，讲述这句带着浪漫主义色彩的豪言，曾怎样激发了一个少年的英雄梦想。

契合时代精神的口号，总能获得广泛的共鸣，激励着时代并最终标记着时代。改革开放初期传唱的一首《年轻的朋友来相会》，如今已经成为那个激情奔涌年代的重要标识。"创造这奇迹要靠谁？要靠我，要靠你，要靠我们八十年代的新一辈！"多么自信的歌唱。

刚刚辞世的浙商"教父"鲁冠球，作为改革开放后第一次创业浪潮沉淀下来的标志性人物，他的去世引发了社会对改革精神、创业精神的深情呼唤。而就在去世前一个月，鲁冠球最后一次发表署名长文说："面对中国企业家在世界'异军突起'的时代契机，我们谁都没有理由错过。"

鲁冠球的这个判断，值得后来者深思。

创新创业精神在中国并不缺乏，改革开放至今，每一次体制机制环境变化和新技术发展发酵，总能催生一批优秀的创业者，他们与国家一起奔跑，最终成为时代骄子与榜样。20 世纪 80 年代初，乡镇企业、民营企业异军突起，成就了柳传志、张瑞敏、鲁冠球等；20 世纪 90 年代初邓小平南方谈话催生一批新的弄潮儿；21 世纪前 10 年，互联网创业浪潮让数字英雄们成为年轻人的偶像……

如今中国特色社会主义进入新时代，社会主要矛盾发生变化，全面深化改革将向纵深推进，一系列体制机制将继续向着激发内生动力的方向演进，大众创业、万众创新逐渐成势并已经开始潮涌。

可以想见，这样的巨型潮涌，叠加新技术浪潮、全球化浪潮，必然批量诞生"弄潮儿"。与他们的前辈不同，融入血液的国际化视野，让新的"弄潮儿"们把眼光锁定在了世界前沿的领军位置。这也正呼应着国家的脚步，后排后发，不断逆袭，直至领跑。领跑意味着什么？意味着星辰大海，海阔天空。

这正是鲁冠球所说的"异军突起"，也是王兴告诉学弟学妹们的"要做世界冠军"。时代给出了机遇，就要努力实现最好的自己，做世界的最好。

做冠军，就要有一颗冠军的心。冠军的心，首先是一颗奋斗的心，它不是"死也要死在编制里"的暮气，不是消费至上、娱乐至死的浮躁，不是"小确幸""小美好"的逡巡，甚至不是追求"标配生活"的现实计算……有了这颗心，现实生活中遇到的不平衡、不充分发展，不再是抱怨的理由、放弃的借口，而是奋斗的方向、创业的目标，不断创设条件更好地满足人们对美好生活的新需求，将指引你将个人努力不断汇入时代洪流，始终与时代相互塑造、相互成就。

冠军的心，还是一颗专注的心。所谓"直扑真理，不要东张西望"，凡有大成就者，无不早早立大志，而后一门深入，苦心经营，久久为功；从事科研也好，做企业也好，只有心无旁骛，才可能做到最好。强国之路道阻且长，许多难关要过、许多险滩要闯，尤其需要凝心聚气、一往无前。有大抱负的年轻人，当尽早找到志趣所向和矢志的目标，向着高峰攀登，攀登，再攀登。

　　"中国梦是历史的、现实的，也是未来的；是我们这一代的，更是青年一代的。"年轻的朋友们、时代新人们、未来的主人翁们，伟大梦想的召唤，你接收到了吗？

（《人民日报》2017 年 11 月 14 日第 19 版）

年轻一代为何不再崇洋

李昌禹

自信，如今正成为新时代青年身上越来越闪亮的"光环"。

不久前，美国《华尔街日报》刊登了一则报道，称如今中国的年轻人不再崇洋，他们对祖国的发展和前景普遍自信，在这一代人看来，当下的中国已经成为这个充满不确定的世界里"力量与稳定的灯塔"。

无独有偶，今年更早些时候，英国某基金会发布的一项调查也显示，中国青年对未来最为乐观自信。29%的中国受访者表示，他们觉得中国是安居乐业之所，因为在这里"只要勤奋就能出人头地"。约93%的中国受访者还因为医药、可再生能源和计算机等技术的进步而对未来充满希望。相比之下，一些西方发达国家的青年则相对较为悲观。

观察近年来国内舆论中的年轻人形象，会发现一种有趣的现象：年轻人的形象越来越转向积极正面。昔日被加诸年轻人身上的"叛逆""自我"等标签逐渐被"自信""担当"等正面评价取代。特别是年轻一代对西方的态度，更耐人寻味：面对西方的一些"傲慢与偏见"，他们不再卑怯、沉默，而是理直气壮地"怼"回去；有的更以"自黑"的方式调侃——这种"回怼"和"自黑"不仅仅出于自尊，更是发自肺腑的自信。

年轻一代的"集体自信"，无疑来自中国的日益发展和强大。由于近代的屈辱史，很长一段时间，我们不少人在如何面对西方这个问题上，是缺少点自信和底气的。即便是向西方说"不"，在方式上也往往是激烈多于平和——这似乎成了一种饱受创伤后的应激反应。而如今，以90后为代表的新一代年轻人，或许可以称为近代以来最能"平视"西方的一代。他们生活和成长的时代，物质条件更加优渥、信息获取更加便利、眼界视野更加宽阔，这让他们并不天然认为"西方比中国好"，也因此更加自信平和，更加懂得把这种自信、平和与爱国、自强有机结合起来。

这种心态和观念的变化，无疑将深远地影响中国的未来。随着中国特色社会主义进入新时代，社会主要矛盾转化，中国正在从一个"追赶者"逐渐转变为"开创者"，接下来的路怎么走？西方可资借鉴的经验越来越少，只有依靠自身的创造力，才能走出一条符合中国国情的新路。令人欣喜的是，中国的年轻一代正在跳出西方话语体系的框框，依照现实发展的逻辑来考虑"我们怎么样""中国需要什么"，而不是"西方怎么看"。这种发自心底的集体自信，必然有助于弥合心理卑怯，重建中国自身的话语体系。从这方面说，年轻一代的"集体自信"，正是当下中国最为需要的精神。

年轻一代正自信地走向舞台中央，时代也正为他们供给越来越多的机会，方方面面都在呼唤年轻力量的加入，丰富多彩的世界在等待年轻人去探索。一个古老国度正以独有的航线驶向现代化，而她的年轻人们，正满怀自信，走在建功立业的大道上。

（《人民日报》2017年11月28日第19版）

青春　因理想更丰盈

杨　昊

"祖国的青年一代有理想、有追求、有担当，实现中华民族伟大复兴就有源源不断的青春力量。"新时代对青年提出了新要求。

谈到理想，有人会想起儿时"当一个科学家"的稚嫩童言，有人会觉得虚无缥缈甚至"矫情"，也有人会感慨自己的"能力匹配不上野心"。当"回报率""收益"成为人们口中的高频词，理想内涵之一种，或许可以概括为超越功利，找到个人追求和国家发展、人民幸福的契合点。

每一代青年都有着自己的际遇。95后已成为大学校园里的主力军，自小在优渥的物质条件、多元的文化背景和开放的价值理念里成长，让他们更加自信，也更乐于把个人理想和国家发展结合起来。当有人还在批判他们"自我"时，他们已不经意间走出了"小我"，对知识的渴求、对原则的坚守和对理性的敬畏使他们不再安于所谓的"小日子"，开始展现出观照世间的"大情怀"。海外留学生不断回国，年轻的大国工匠淬火成钢，一大批青年清醒着奔向"祖国最需要的地方"。强烈的现实主义情怀，正在成为他们的又一个标识。

越来越多的年轻人贯通古今，焕发出浓浓的家国情怀，正深刻影响着中国的发展。从回湘做村官的耶鲁毕业生秦玥飞到深海载人潜水器"蛟龙"号首批最年轻潜航员唐嘉陵，从被授予"时代楷模"称号的铁甲精兵王锐到为国争光的乒乓球大满贯选手丁宁，他们身上都充满着创造力和正能量，他们自信地改变世界，最终在这个伟大的进程中，实现了自我。

当你嫌理想过于高蹈，难以化为前行动力的时候，不妨从上述的先行者身上学习，借鉴这些具有大境界的年轻人的成长策略。与其抱怨理想太远而焦虑迷茫，不妨从自己的兴趣点出发，向一个个"小目标"努力，用实打实的本领让自己飞起来，一路"通关升级"，就会离自己期待的样子越来越近。与此同时，更要有把理想付诸实践的行动力，相信个人奋斗对社会进步的推动力量，从改变自己开始推动社会的改变。正如鲁迅先生所希望的那样："愿中国青年都摆脱冷气，只是向上走，不必听自暴自弃者流的话。能做事的做事，能发声的发声。有一分热，发一分光，就令萤火一般，也可以在黑暗里发一点光，不必等候炬火。"

新时代为年轻人人生出彩搭建了广阔的舞台，赋予年轻人无限的机遇、更多的可能和足够的宽容，能够妥帖安放更多人的理想。正如先驱李大钊当年那振奋人心的号召："黄金时代，不在我们背后，乃在我们面前；不在过去，乃在将来。"以理想绘就底色，青春才真正饱满丰盈。新时代呼唤更多充满理想主义的年轻人，在"干"字当头的社会氛围中，源源不断地注入青春动能。

（《人民日报》2017 年 12 月 5 日第 17 版）

没有艰苦奋斗　哪来波澜壮阔

魏哲哲

　　不久前，一份高校消费趋势榜单"出炉"：过去一年，全国大学生"剁手"指数攀升，来自在校生的订单已占17%。更早之前的一份调查同样引人关注，"社交与娱乐"和"形象消费"已成为大学生群体消费的主要方向，超三成大学生曾入不敷出，39%的被调查学生反映身边有人使用过"校园贷"等。

　　年轻人的消费观念之变，与整个社会的消费方式转变相呼应。物质高度丰富，为多元化、个性化的消费提供了足够的选择空间。一些大学生为了提升能力、拓宽视野，在时尚、旅行等方面有了更多消费。他们宣言："不是爱慕虚荣，而是让自己变得更好。"应该说，这种更前沿的消费方式、更前卫的消费观念，本身无可厚非，它是年轻人选择的自由，也是时代风貌的直接反映。

　　投资自身是明智的，但如果过度透支现在，就变成给自己挖坑了。有必要提醒一句，大学生超前消费要适可而止。消费习惯不仅是花钱多少的问题，还关系年轻人修身立德的过程。且不说在校大学生的经济来源多是父母的钱，过度追求超前消费无疑会给家长带来负担，更重要的是，大手大脚花别人的钱，很容易形成不良心态。首先，可能消弭奋斗精神，过于安逸的生活，容易让人产生惰性。所以即使一些富豪，也不敢随便给孩子太好的物质条件。其次，一些不合理的消费会让整个家庭陷入情感危机：要钱父母给，觉得理所当然；若不给就心生埋怨。伸手习惯了就难自立；埋怨于孝道有亏。

殊不知真正要让自己变得更好，不是几次旅游、几瓶高档化妆品就能解决的问题。要知道，知识是最好的化妆品，也是真正强壮筋骨的良药。分清主次，就不会太纠结要不要下那个自己都有些肝颤的订单。

事实上，社会公众对于大学生消费水平的关注，背后正是对其能否艰苦奋斗的担忧。青年时代，选择吃苦也就选择了收获，父辈嘱托的背后是深厚的人生积淀。《习近平的七年知青岁月》一书记录了青年习近平的人生选择，其中有这样一段话："可以想到的是，在那个动乱的年代，一个从小在北京长大的 15 岁少年，孤身来到那被群山阻隔、多风少雨的荒僻之地，劳动和生活中有多少困难、多少问题需要他去面对、去解决！"

吃苦的过程，也正是思想成熟、内心丰盈、灵魂升华的过程。正是这些人生的困难和挫折，不断锤炼着品格，磨砺着心性，才能最终给人以脱胎换骨般的自信与从容。

最近一句网络流行语也不乏劝诫之意：别在最该奋斗的年纪里选择安逸和潇洒。青年时光非常宝贵，错过了最为难得的吃苦经历，对生活的理解和感悟也会变得单薄，就像小溪里的鱼，难以理解江湖的波澜壮阔。只有经历了激情奋斗和顽强拼搏的青春，才会留下充实无悔的回忆。

新时代新征程，能拼搏敢吃苦，仍应是年轻人受用的人生信条。

（《人民日报》2017 年 12 月 19 日第 18 版）

莫负这锦绣年华

盛玉雷

南京大屠杀死难者国家公祭日前后，一幅描绘两个孩子隔空相望的暖心漫画，让无数人感动不已。漫画中，一边是南京城破的荒乱光景，赤裸着双脚的少女张着手臂，惊恐无助；一边是南京新街口的繁华街景，裹着厚厚棉服的姑娘伸手相望，岁月静好。"1937—2017：那年乱世如麻，愿你们来世拥有锦绣年华"的字样，让历史与现实在这一刻相遇，在感同身受中唤醒人们那段不能沉睡的记忆。

备受推崇的暖心漫画，固然有南京大屠杀死难者国家公祭日的创作背景，但也彰显了当代青年在试图做些什么的纪念方式。作者在谈到创作历程时说："通过这种对比，表达一种现在的人想帮战争中的他们做些事情，但却无能为力的心情。"在时间静止、悲伤凝固的这一天，汽车鸣笛、交警脱帽、降半旗、送花圈……人们都在用力所能及的方式缅怀亡者、铭记历史，那么，对于一直被视为"未来"的青年们，又该如何接住这沉甸甸的过去，怎样才能不负这锦绣年华？

和漫画中的当代小姑娘一样，在时隔80年后的寒冷冬日，年轻人早已穿上了时髦的冬衣，离那段国破家亡的时光越来越远。比起考虑下一顿饭如何解决，我们可能更关心下一场演唱会在哪举行；相比惊恐下一颗炮弹在哪落下，我们可能更在意热门游戏里能否"大吉大利，今晚吃鸡"。我们关注"秃头"，担心"油腻"，自称"佛系"，咆哮着"我们是谁"……唯独少了些与历史勾连的基因，缺了些和时代同频共振的鼓点。

每一代人都会焦虑，每一代人都有自己的长征路。在"乱世如麻"的年代，身处西南边陲的一群年轻人齐声高唱："同学们，莫忘记失掉的家乡，莫辜负伟大的时代，莫耽误宝贵的辰光。赶紧学习，赶紧准备，抗战、建国，都要我们担当！"就像潘际銮院士说的那样："那个时候，国家都快要亡了，我们读书的时候，哪里会想着就业、赚钱啊这些事，都是想着学好了，怎么才能救国。"这是他们的呐喊与担当。

当时光穿过硝烟弥漫的历史，推开新时代的大门，我们这代人又当如何？在《南京暴行：被遗忘的大屠杀》中，张纯如写道："历史并没有为这个故事写下一个适当的结局。"是啊，这个痛彻心扉的故事还远远没有结束，一直在等待后人画上句号。这看似简单的一笔，实则重若千钧，因为它意味着"千秋耻，终当雪"的救亡图存，也是"走向中华民族伟大复兴"的光明前景，更是"国家的前途、民族的希望"，要靠一代又一代人为之前进不止、奋斗不息。

在另一幅同样题材的漫画中，有人这样写道："如果有一天我们能相遇，我一定会告诉你，山河犹在，国泰民安。"其实，对当代青年人来说，如果真的能时空变换、亲临其境，我们可以用来告慰前辈们的，除了现世安稳，应该还有更多。

（《人民日报》2018年1月2日第19版）

拿什么超越集体焦虑的迷思

李昌禹

第一批 90 后已经开始"油腻"了、第一批 90 后已经有人离婚了……不得不说，互联网时代热点转换太快了。一两年前，还到处都是 90 后青春无敌的帖子，转眼间，90 后就忽然面临"中年危机"了。难怪有 80 后不乏失落地在帖子下留言："已经没有人再讨论 80 后了吗？"

如果大家不是很健忘，也许应该还记得大约 5 年前，80 后也曾集体"变老"：他们唱着"老男孩"，怀念记忆里穿着海魂衫皮凉鞋的夏天，追忆那些年一起追过的女孩，在比自己更小的 90 后面前感叹"老了""心好累，感觉不会再爱了"……

如今，这些曾经患过"初老症"的 80 后大多已成家立业，成为社会的中坚，专注于自己的生活和事业，不再轻易"为赋新词强说愁"。再过几年，等到 00 后走上社会舞台前沿，是否 90 后也会从"叹老"的队伍中消隐？可以想见，大抵会如此。

其实，80 后、90 后年轻人"叹老"也好，怀旧也罢，与其夸大成所谓的"中年危机"，不如说更多的是青春期的焦虑。毕竟，20 多岁的年纪正是风华正茂，情感最为纯真，理想也很丰满，每一个细胞里都律动着青春的活力。站在 20 岁的尾巴上与这段黄金般的日子挥手作别，心中难免有几分惆怅不舍。再加上"三十而立"的传统观念影响，家庭、事业的压力随之而来，巨大落差之下，有些焦虑情绪也在所难免。

从时代大背景来说，转型期社会的飞速变化发展也加剧了这种焦虑。如今的中国，社会发展日新月异，一天一小变、三天一大变似乎成了常态，时代跑得太快，不提速很可能就要被甩在后面。在这样的大时代里前行，如同逆水行舟，容不下太多喘息的时间，危机感使得焦虑成为普遍的社会心理。在即将跨入 30 岁门槛、事业刚刚起步的年轻人当中，这些焦虑无疑会被放大。

移动互联时代，自媒体的爆发也对这种焦虑起到推波助澜的作用。当这种焦虑的情绪被市场捕捉到，消费焦虑便成了一个新的产业链，阅读量动辄"10 万 +"的鸡汤在无节制地撩拨着年轻人的这类情绪时，也让自己赚得盆满钵满。而集体焦虑，也往往在这样的氛围中加速升级。

走出集体焦虑的迷思，需要来自社会的关注与关切，不断释放改革红利，给他们一个更广阔的发展空间。更重要还在年轻人自身，面对社会情绪的裹挟，必须保持头脑清醒、视野开阔，才可对那些消费焦虑的矫揉造作免疫。如今，汇聚海量信息的手机似乎统治着人们的注意力，然而须知，"10 万 +"里的世界并不是全部，浸淫其中日久，或许会忘记现实中还有一个更广阔的世界，而大家在手机里争论不休的问题，答案可能需要我们自己去工厂、去农村、去改革一线、去这个广袤的世界中才能找到。

不过，好在焦虑从来也不是一件彻底的坏事。根据心理学家的分析，适度的焦虑也可以成为一种能动因素、一种建设性力量，甚至促成一种活跃状态——如同鲇鱼效应，鲇鱼在搅动小鱼生存环境的同时，也激活了小鱼的求生能力。同样，在克服焦虑的过程中，个体的能力也将得到超越。

"幸福都是奋斗出来的"，与其被焦虑情绪困扰，不妨将其视为一个"叫醒"闹钟：当它在你耳畔响起的时候，不要把它当作一种烦恼，而是当作一种提醒，提醒你不要在这大好的时代、大好的年华睡过去，而是保持清醒，然后去努力做一些改变。

（《人民日报》2018 年 1 月 9 日第 19 版）

且坐坐，为了更好地出发

孙　超

　　王维的《终南别业》是我最喜欢的诗之一。其中又以"行到水穷处，坐看云起时"一句颇值得玩味。山间溪水时隐时现，诗人溯溪而行。而当走到再也看不见水流的时候，诗人索性坐了下来，静静地看看山间不知道从哪里升起的云雾。古人原来也知道，水与云本质上一样，只是形态不同。水穷而云起，一下子就有了一种万千变幻淡然处之的豁达意境。

　　说到坐坐，丰子恺也有一幅很有名的漫画，标题就叫《跌一跤，且坐坐》。画面中一位光头青年坐在地上，双手撑在身后，身旁有散落的雨伞和包袱———一看就是赶路时不小心跌了跤。但青年脸上却并不懊恼，无奈之中反而带着笑意。

　　王维写这首诗的时候已到晚年，丰子恺画此幅画时也已不再年轻。古往今来，经历沧桑后，面对人生的得失，能够宠辱不惊、淡然处之者多。而在意气风发、跃跃欲试的年纪，能够静下坐坐的人却很少。

　　从60年代美国的愤怒一代，到欧洲曾经热火朝天的学生运动，再到各类当代青年亚文化中的叛逆与张扬，每一代潮流青年的身上总是伴随着躁动的活力。而中国的70后、80后一代，更是用他们狂飙突进的奋斗史增添了当今中国的勃勃生机。

　　但是，世界永远在变化，每一代青年所处的时代、所面临的境遇都各不相同。当前人轰轰烈烈地为后来人建好基座，后来人却发现，前辈们的奋斗精神常新，而奋斗的方式却已不再完全适应于当下。从事科研的发现每一个领域都已经有人先走，想创业的发现风口已经挤满了人，想在大城市有个家的发现安居成本已经水涨船高……

于是畏惧、受挫、跌倒，总是在所难免。当"养生朋克""保温杯配枸杞"这样的语汇接连不断地成为热词，背后隐含的自嘲心态也呼之欲出。也许在不少青年心中，自己境遇已如王维所吟唱的"行到水穷处"。

那么，不妨就学诗人坐坐。

坐坐，不是坐下来钻牛角尖，而应该学会换个角度看问题。真的走到山穷水尽之时，不妨放弃埋头找"水"。抬头看看，或许便能恍然大悟：这满山云雾不也是另一种水吗？我们心心念念的所谓成功，也并非只有一种标准、一条路径呀？

坐坐，也不是坐下来自怨自艾，而应该换个心态，自我疏导。既然已经跌倒，不妨给自己一个重新思索为什么出发的机会。更何况不管再怎么跌倒，脚底下总有 960 多万平方公里的坚实土地。

坐坐，更不是一坐就不再起身，而是为再一次起来积蓄力量。不讳言失败，更不逃避未来。暂时的失意也许恰恰是人生的冬天而已。正如《约翰·克里斯朵夫》中的名句所说："便是像今天这样灰暗愁闷的日子，你也得爱。你不用焦心。你先看着。现在是冬天，一切都睡着。将来大地会醒过来的。你得虔诚，你得等待。"

且坐且行，坐坐，正是为了更好地出发。

（《人民日报》2018 年 1 月 16 日第 19 版）

不能只吃"纯干货"

吴 月

　　"纯干货指导！如何专科到本科再到 985 大学""英语学习规划纯干货分享""看完这一篇，从新手到高手""掌握这十招，成为面试达人"……在各类知识分享内容网络平台上，冠有"干货满满"名号的内容层出不穷，不断刺激着人们的神经，吸引人们的关注。

　　干货，原意是晒干、风干的果品。在互联网上，干货常指代精华、实用的内容。优质的干货与"水货"相对，挤出了水分，不抖机灵，没有空话套话，能够在短时间内深化人们对某一领域知识的认识，也往往更便于传播。

　　如此看来，阅读、分享干货本无妨。然而，干货吃多了，不免发现其中一些问题。一来，有些所谓的干货，其实是他人消化、咀嚼过的"湿货"甚至"私货"，感受过之后，让人大呼上当。二来，看了一场网络直播、读了一篇文章，就能真的如"干货满满"的标题所说，了解一个行业，成为专家达人了吗？答案显然是否定的。

　　那么，为什么我们看到"干货"类内容，还是忍不住想点开呢？究其原因，是快节奏的当下，人们对迅速获取知识、提高自我能力的强烈渴求。这种由"本领恐慌"驱使的追求是值得肯定的，然而，知识、技能、经验的获取，不能背离基本的学习规律。

　　干货可以让人在短时间内掌握某一领域的框架，但若想避免被可能不靠谱的学者牵着鼻子走，而是真正掌握这个领域的知识，笨办法可能更好用——回归经典，自主学习。在听过几场"干货"直播之后，我感觉还不如自己看教材来得更快更好。其实，最大的干货，往往是原典。了解时事新闻，除了看"网红"的盘点，不妨看看文件、公报全文；提高写作能力，固然可以去听"如何打造 10 万+"的讲座，但根本还在于广泛阅读和练习；想拍出更美的旅行照，学些穿搭、取景技巧可以锦上添花，但翻翻摄影书、多实践摄影技巧可能更有用。

此外，"纸上得来终觉浅，绝知此事要躬行"，经过自身实践验证的干货，才是真正有用的。对年轻人来说，与职业选择、人际关系、情感沟通等相关的干货分享特别有吸引力，然而需要注意的是，这些主题往往非常个人化，有些个体的成功离开了具体情境其实不可复制。事非经过不知难，求职、创业、恋爱都不是看看干货就能做好的。迷信干货，可能就会"听过很多道理，却依然过不好这一生"。

其实，与其渴望干货，不如提高自己提炼干货的能力。海明威曾将写作比作海上的冰山，在海面以下还有大量的蕴含。干货之所以干，就像冰山，"只有八分之一在水面上"。若不沉下去，不自己动手，是无法创造自己的知识体系的。

如果打个比方，"干货"就像压缩饼干，饱腹也有营养，但终究不能作为日常食物。

（《人民日报》2018 年 1 月 23 日第 19 版）

有趣的人不苟且

孟祥夫

生活中，要是听说某某是个有趣的人，让人不免心驰神往，想要结识一番。有趣，和枯燥、乏味相对，是一个人身上闪闪发光的品质，是平淡生活里的"调味剂"。说一个人有趣，是很高的评价。正所谓，好看的皮囊千篇一律，有趣的灵魂万里挑一。

那么，何为有趣？明人袁宏道说："世人所难得者唯趣。趣如山上之色、水中之味、花中之光、女中之态，虽善说者不能下一语，唯会心者知之。"对"什么是趣"，古今中外，尚无定论，只能见仁见智。在文人墨客笔下，人有人趣，物有物趣，自然景物有天趣。趣者，存乎一心，大凡让人心生快意、心旷神怡的，都莫不有趣。

有趣的人，对生活抱有大爱。有时，即便身处逆境，他们也能过得兴致盎然；即便眼前满是苟且，他们也总能找到诗和远方。苏轼就是个十足有趣的人。被贬官后，他没有愁肠百结，而是发现了生活的真和趣。在黄州，他把"价钱如泥土""贵者不肯吃，贫者不解煮"的猪肉，做成了色、香、味俱全的"东坡肉"，并撰文《猪肉颂》，讲述烧制心得。除了"东坡肉"，还有"东坡肘子""东坡鱼""东坡饼"，都轰动一时，流传甚广。生活拮据，苏轼辟地耕种，以此为乐，写出《东坡八首》《雨后行菜圃》等诗，怡然自得之情，跃然纸上。

有趣的人，有着强烈的好奇心。因为万般好奇，凡事都想探个究竟、弄个明白，自然就能找到常人一般难以发现的趣和乐。清人沈复在《浮生六记》中写道："余忆童稚时，能张目对日，明察秋毫。见藐小微物，必细察其纹理，故时有物外之趣。"他笔下的文字也是妙趣横生，比如，"一日，见二虫斗草间，观之正浓，忽有庞然大物拔山倒树而来，盖一癞虾蟆也，舌一吐而二虫尽为所吞。余年幼，方出神，不觉呀然惊恐。神定，捉虾蟆，鞭数十，驱之别院。"如此趣味盎然的文字，若非有趣之人，肯定抓耳挠腮、冥思苦想也写不出来。

有趣的人，深藏大智慧。要从平淡的日子中咂摸出趣味，离不开对生活的敏锐洞察，对人情世故的深刻洞悉，对知识阅历的深厚积淀。鲁迅先生是百年来中国第一好玩的人。在那个风雨如晦的年代，鲁迅嬉笑怒骂，皆成文章，针砭时弊，入木三分。而鲁迅本人，却幽默、有趣得很。一次，友人给鲁迅捎来一些柿霜糖，"吃起来又凉又细腻"。听说有药用效果，他本想留着以后吃。谁料，"夜间，又将藏着的柿霜糖吃了一大半，因为我忽而又以为嘴角上生疮的时候究竟不很多，还不如现在趁新鲜吃一点。不料一吃，又吃了一大半"。读到此处，让人忍俊不禁，掩卷而笑。

有趣的人，不仅自己收获快乐，也是别人的"开心果"。而人一旦无趣，就不免面目可憎，让人避之不及。现在，成长于互联网时代的年轻人，平日以"斗图"为乐，从各类小游戏、小程序中寻求快意，而一旦合上电脑、锁住手机，往往双眼发胀，大脑茫然，趣味尽失。这样的趣，终非真趣。不妨学学前人，多发现、挖掘生活的趣味，多吸收、汲取方方面面的知识，让自己有趣，让生活有味。

梁启超说："我是个主张趣味主义的人。我以为凡人必须常常生活于趣味之中，生活才有价值；若哭丧着脸挨过几十年，那么，生活便成沙漠，要他何用。"所以，不如行动起来，从明天起，做一个有趣的人。

（《人民日报》2018年1月30日第18版）

学会做时间的主人

董丝雨

　　如今，什么事情似乎都能"速成"。想学习，有速成班把几个月的课程浓缩到一天；要出门，飞机当天往返，火车夕发朝至；被催婚，"8分钟相亲"速配，感情都能"快餐化"，还有什么不能快……

　　快节奏的生活，有人觉得充实且刺激，哪怕一分钟的等待与停留，在他们看来都意味着对生命的浪费。但更多人在抱怨，快节奏让日子变得粗线条，人也越发急功近利，在越来越快的生活鼓点中渐渐失去了自我。一份问卷调查显示，84%的被访者认为自己生活在"加急时代"，而这其中有54.7%的人感觉"浮躁，踏实不下来"。难怪文艺青年们慨叹："快生活让我们失去最多的其实是对生活的体验，而这恰恰是生活本身。"

　　20世纪初，德国哲学家海德格尔在荷尔德林诗句的启发下，提出人要诗意地栖居在大地上的命题。1986年，意大利记者卡洛·佩特里斯发起"慢餐运动"，让人们以慢慢吃开始，去反抗快节奏的生活。快和慢是一对矛盾，似乎隔一个时期就会对抗一次。当然也有人从另一个角度质疑，是不是只有那些经济富足的人，才有能力去让生活慢下来。当一个人被生活的重担压到透不过气的时候，慢生活对他们来说，也许只是一碗"无味的鸡汤"。

　　争论的焦点其实在一个"慢"字。但真正的"慢生活"，不是一张机票逃离北上广，或是辞掉工作去闲云野鹤那么简单。北京大学社会学教授夏学銮曾说："最重要的是'慢心态'，你只要记住人永远只能停留在一个时空中做一件事情，着急是于事无补的，心情就会平静下来，就不会成为时间的奴隶。"

所以，提倡慢，也许只是对这种不自主状态的抵抗，为的是，把人生的节奏掌握在自己手里，做时间的主人。

适当地慢下来，是为了回望初心。有句网言曾十分流行："别为了匆匆赶路而忘记为何出发。"在快马加鞭的时候能适当停一停，回头看看自己走过的路，让慢成为一次重新审视自我反省自己的机会，成为一种返璞归真的生活智慧。

适当慢下来，是为了更专注于事情本身。人们时常会陷入对不确定的担忧里，渴望直接知晓结果。人们也不免会因为别人已经取得的成绩而不淡定，被旁人的节奏牵着鼻子走。然而抛弃这些急躁的心态，将注意力集中于过程中的每一个细节，成功自会水到渠成。

适当慢下来，也是为了让快的状态更有效率。慢慢读一本"大部头"的书而不是让碎片化的阅读占据全部时间，慢慢写一篇足够分量的文章而不是只会用段子去"抖机灵"，慢慢学习一门知识、一项技能而不是去相信所谓的"速成秘籍"。看似不着急的背后，实际上是用慢的"扎实"去中和快的"不稳定"。

显然，慢生活并不是无所作为和不思进取。倡导慢生活的卡尔·霍诺曾说，慢生活不是支持懒惰，放慢速度不是拖延时间，而是让人们在生活中找到平衡。也有网友在如何看待慢生活的问题里留下一句话："慢生活是有底气的自给自足，而不是好吃懒做的得过且过。"

对待生活，难道不应该是有稳定的目标、有周密的计划，知道什么时候驻足，什么时候跃起吗？如此才能快慢相宜，让自己的人生真正出彩。

（《人民日报》2018年2月6日第19版）

为孝加点"潮味道"

潘　跃

春节临近，微信群里有人讨论，想拼团送父母出游。一个朋友的发言让我颇为感慨，她说，自己家老太太节省了一辈子，总觉得出门花钱。一次在她的劝说下，老人在一个风景秀丽的地方踏踏实实住了大半个月，而后彻底改变了观点，现在老太太逢人便推销自己的理念："趁着身体还行，是得多出去走走，主要是远离平时生活小环境的束缚，透口气！"

老有所乐是养老的理想境界，而孝顺就应该是晚辈成其所乐。有人觉得老年人嘛，不就应该待在家看看书、养养花、遛遛狗、跳跳舞什么的，过过安静的生活？这话也对也不对，老年生活更适宜安稳闲适，但也不必就此成为定式。

时代给出了丰富的选择，老人也早已不是想象中的刻板模样，他们追赶潮流的步伐并未停止，网购、旅游、跳芭蕾、练瑜伽、玩数码摄影……很多老人的生活一点都不落伍。最近还有报道称，某养老院组织六七十岁的老人网络直播、"喊麦""刷鲜花"，如此新潮、时尚的老年人，着实令人大开眼界，据说，他们开直播的时候，同时网络在线观看的人数一度破万。

当下的时代，提供了更丰富的生活方式可供选择，如果老人的生活与时代更好地接轨，便能享受到时代进步的福利，而这样的融合，少不了晚辈们添把力，使得他们追赶时代的步伐走得更稳健。而这，何尝不是新时代孝顺的一种新含义呢？

眼下，过年回家的气氛渐浓，一年苦累，回家疗伤是不少人内心深处的想法。有个问题就摆在年轻人面前，能不能和父母好好聊天？每到此时都有人对父母的唠叨和过度干预心有余悸，其实有现成的套路可以用——自己掌握谈话的话语权。

陪老人聊天，内容要多走点心，多聊聊你认可的生活方式，聊聊他们的所思所求，如果发现他们对新事物和新生活的兴趣，要及时支持和引导。要知道，对于很多老人来说，一些时尚的生活，他们并非不喜爱，有的是不懂不会，有的可能碍于面子不好意思，还有的担心被子女笑话，如果你能在用心的沟通中找到这些诉求，多一些理解和支持。那么，不仅你要面临的话题之困迎刃而解，还会让父母觉得你特别贴心，何乐而不为呢？

身处这个飞速发展的时代，真正的孝顺一定是拉着老人一起进步。记得几年前有一组时尚照片在网络上爆红，照片的主人是一位年过八旬的老人，他穿着时尚，时而潇洒地看海，时而在星巴克喝咖啡……而这组照片的摄影师正是老人的孙子，他耐心为爷爷修剪指甲、挑选衣服、戴上领结，带老人感受各种时尚的生活方式。老人很满足，孙子也感受到幸福。这才是让人感到欣慰和温暖的孝顺。

刚刚公布的一组数据显示，我国60周岁及以上人口24090万人，占总人口的17.3%。"如何陪他们变老"，是年轻人共同面临的现实问题，也是人生课题。方式千百万，但最好的孝一定是让老人不空巢也不空心，获得一种精神上的愉悦。

那就不妨为孝加上点"潮味道"。

（《人民日报》2018年2月13日第19版）

青春恰自来

吴 月

"白日不到处，青春恰自来。苔花如米小，也学牡丹开。"清代袁枚的这首诗，近日忽然在微信朋友圈"刷屏"。

原来，这首近 300 年前的小诗，经由一名乡村教师弹奏、一群来自贵州山区的孩子们吟唱，登上了一档电视节目的舞台，感动了许多人。

我们因何感动？

视频中，简单的旋律固然上口，天籁的童声固然动听，红扑扑的小脸蛋固然惹人喜爱，但更重要的原因，可能在于经典的诗歌演绎与背后的故事引发了人们的共鸣，映照出我们共同面对的更普遍的一种境况与精神。

对许多人来说，这首诗歌之所以动人，是因为在孩子们身上看到了曾经弱小却不停奋斗的自己。"还记得为什么要唱《苔》吗？""因为要让我们像牡丹一样勇敢地开放。"这是乡村教师梁俊与孩子的问答，其实也反映了许多人年轻时的经历：隐蔽而平凡地默默成长，如苔藓般不那么引人注目，却有着与牡丹同样的姿态，绽放自己的风采。

诗人穆旦曾写过，"这才知道我的全部努力，不过完成了普通的生活"。平心而论，相当一部分人并不拥有超越平均水平的资源和禀赋，"初始设定"都是普通人、小人物。从外在环境看，不是每个父母都能为孩子提供优越的生活条件，不是每个人都能在大城市接受最好的教育，不是每个人都有可以借力的社会资源；从个人天赋来看，也不是每个人都有天才的起点。从这个意义上来说，"白日不到处"，是客观存在的情境。如一首歌所唱的，"你我皆凡人"，在主客观条件的限制下，我们往往不得不暂时接受自己是平凡人的设定。

尽管如此，"青春恰自来"，通过个人奋斗实现生命平等的价值，又是普遍的现象。前段时间，冒着寒冷天气和艰险山路上学、一头风霜的云南"冰花男孩"在网上很火，心疼之余，不少网友表示，"我们也曾是'冰花男孩'"。春节期间，我回到父亲曾就读的乡村学校旧址。设施简陋，杂草丛生，橱窗里褪色的装饰画，让我感叹父辈们的青春里物质如此匮乏。不过，今日的他们虽依然平凡，却以自己的方式实现了人生价值。

"天行健，君子以自强不息。"父辈奋斗过的青春，我们也正经历着。不在最好的学校，就多付出一些努力；家庭经济状况不佳，还有自己的双手可依赖；求职道路没有"关系"，依然可以在笔试面试中突出重围……起点虽然如苔般卑微弱小，甚至没有阳光眷顾，但少年时的梦想，青年时为之付出的尝试与努力，乃至花开时的自信与从容，是每个普通人都可以拥有的经历，也便是《苔》这首歌所以动人的理由。

同样动人的，还有人们对"苔花"的呵护与关照。"风一来，花自然会盛开"，是歌曲中令我印象深刻的一句。对乡村的孩子们来说，支教教师就像催开花朵的风。教师梁俊谈及为何要唱这首歌时说，因为他自己也是从山里出来的，不是最帅的那一个，也不是成绩最好的那一个，就像潮湿角落里的苔，人们可能看不见，但它们也像一朵一朵的花，很美。从山里走出的教师，再次来到阳光不能完全普照的地方，守望着更多的苔花，他们的努力或许也如苔般微弱，但也能够照亮一张张小小的笑脸。

"千千万万普通人最伟大"，生若为苔，也会有自己的高光时刻。

（《人民日报》2018年2月27日第19版）

在乡村活力中绽放芳华

王 瑨

　　如今，许多人都因不同缘由离开故乡：求学、经商、打工……由农村前往城市，由小城市去往大城市，似乎成为许多人的人生"晋升"路径。而在今年两会上，一位"非典型"90后引发了广泛关注，她是全国人大代表、湖北省咸宁市崇阳县白霓镇大市村党支部书记程桔。这个被村民称为"桔子"的姑娘"不走寻常路"——从繁华的广州辞职回到村里，从办公室白领变身为上山下田的村支书。正是她的"逆行"，让"空心村"变成"绿富美"，带领大市村成为咸宁市首批精准扶贫出列村之一。

　　"让我们村早日成为乡村旅游'网红村'，是我今年最想完成的'小目标'。"程桔接地气的愿景和"逆行"之路，引来点赞者众，但其中仍有些许质疑之声——放下都市繁华，选择去乡村"听取蛙声一片"，值得吗？在资源与人才相对欠缺的偏远之地，能成功吗？

　　的确，当下放下城市里的优越条件，执意去农村发展，在一些人看来是有些"不合时宜"。但如果从人生价值的实现上来看，"程桔们"这种从城市到农村的"逆行"，何尝不是一种饱含激情而又充满发展眼光的人生奋斗乐章。

　　君不见，当下的乡村，在创新、创业的时代潮流中，返乡创业的种子已经在这片热土上播撒？君不见，乡村振兴的号角已经吹响，接踵而来的政策优惠正唤醒这片肥沃的热土？如今，中西部地区、中小城镇的产业发展方兴未艾，广阔天地大有可为大有作为，农村何尝不是青年奋斗的新战场、实现人生价值跃迁的新路径。

当一些人还在作归去来兮的乡愁之叹时，许多像程桔一样的年轻人已经将梦想照进乡土。耶鲁大学毕业的秦玥飞回国后便来到农村服务，在他的号召下，30多名"乡村创客"从美国哈佛大学等名校出发，把"家"安在了贫困山村；刘敬文、陈统奎、赵翼和钟文彬四个创业青年组成的"农青F4"投身农业，突破传统农产品市场，将市场化理念引入农村；37名毕业于国内重点高校的女大学生组成返乡创业团"洮南市刘老三杂粮杂豆种植专业合作社"，种出的中高端系列杂粮产品通过电子商务平台和连锁商超终端渠道销往全国各地……

曾发起乡村建设运动的梁漱溟先生说，乡村建设除了消极地救济乡村之外，更要紧的还在于积极地创造新文化。今天，这些眼光长远的年轻知识群体正用青春和汗水建设一个新乡村，在一点一滴中助力构建乡村的新文化、新生活，他们成为山村与城市、山村与互联网世界的接口。

这样的城乡"逆行"不仅诠释出青春的另一种可能，也昭示出昂扬奋进的人生姿态。当有人在"留不下的城市""回不去的故乡"之间徘徊时，当一些返乡故事沉浸于"乡愁无处安放"的失落时，当一些回乡年轻人"在此岸、望彼岸"消极观望时，"程桔们"主动用乡建让乡愁落地，让回归成为更好的留下。

乡村的发展需要新生力量，也呼唤更多奋斗者。如今，脱贫战役已经进入攻坚阶段，乡村振兴的序幕刚刚拉开，农村的广大天地仍大有可为，让奋斗的青春沾点泥土的芳香吧，脚踏泥泞、俯身躬行，乡村的活力与青春的芳华就能彼此激活。

（《人民日报》2018年3月27日第19版）

让孤独成为一种力量

孙　超

　　据报道，北京多处不可移动文物，今年将开始加大腾退保护力度。这其中，便有宣武门外南半截胡同的绍兴会馆。这里，曾经见证了鲁迅的孤独岁月。

　　办刊物失败后，鲁迅独居北京，个人的不得志、国家前途的渺茫，给这个志向远大的青年莫大的痛苦。"这寂寞又一天一天的长大起来，如大毒蛇，缠住了我的灵魂了。"《呐喊·自序》里这个蛇的比喻，让人对这位未来的大文豪曾经历的孤独，有着形象的感受。

　　步入新时代，当下的中国蒸蒸日上，气象万千。不过从年青人成长的心路历程来看，说二三十岁的年龄是现代年轻人最孤独的阶段，也确有一些理。

　　呼朋引伴的少年时代已经成为过往，学生时代的宿舍生活也已经挥手告别。初入职场，尚未打开局面，压力却已经迅速袭来。父母难免会因为代际沟通的问题，难以完全理解自己。能够给予情感陪伴的伴侣常常还不知身在何方……孤独，正在成为很多年轻人难以绕过的境遇，成为成长中的一个必经阶段。

　　然而，不必太担心，这种孤独，有可能成为一种生产力。

　　住在绍兴会馆的几年时间，鲁迅用"钞古碑"三个字一笔带过。而实际上，除了抄写古碑，他还校订古书，整理古籍，搜集金石、造像。

或许是这些闪烁着古人光芒的物件可以让他感到超越时间的陪伴，或许是一笔一画的反复誊写让他更多地感受到精神的力量，"钞古碑"这件事鲁迅一做就是好几年。

而在鲁迅向钱玄同做了那个著名的铁屋子比喻后，鲁迅也从个人精神世界的铁屋子里走出，以一篇《狂人日记》震惊中国。有人认为，鲁迅在绍兴会馆的状态，便是酝酿着呐喊的沉默。至少，我们的确可以在《中国小说史略》，甚至在《故事新编》中，看到这长长的孤独期的深厚烙印。孤独期的探索，为日后的厚积薄发积累了深厚的能量。孤独，被他化作了生产力。

孤独，能给人反思与反省的契机，让人更好地审视自己。古代的贤人主张"三省吾身"，或者身体力行坚持"日课"。这对于每日在现代机构和流水线之中忙碌的人来说，未免过于奢侈。而互联网的通达，在让世界变得触手可及的同时，也让真正意义上的独处变得更加稀有，让静思内心变得更加困难。即便反思已经变得不再流行，但请不要轻易用廉价的娱乐和无效的社交打破难得的孤独。

人生的孤独期，往往也是对自我认识的飞越期。与人相处，难免相互迁就，再加上这样那样的社交规矩，往往并不能遵循自我，以至于连自己都看不清自己，失去了奋斗的方向。而孤独，却能够让人抛去了万物，直达内心深处。正因为抛弃了万物，反而能让万物了然于心。孟子说："万物皆备于我矣。反身而诚，乐莫大焉。"意思是说，万物我都具备了。反躬自问诚实无欺，便是最大的快乐。叔本华曾很夸张地说："人要么独处，要么庸俗。"康德则在家乡的小城研读写作到老，甚至未曾亲眼见过高山与大海。但也许正是这种外人看来极端的孤独，造就了学者们极致的思索。

孤独是一种稀缺品，对大多数人来说，一生或许真的只有一次长期的孤独。离开二十几岁的时光，孤独的青年人很快就陆续拥有新的角色，成为爱人、父母，或者某个团队的领袖。充实、幸福、责任……或许让人再也没有长期孤独的机会。

把握这样年轻的孤独，让积淀与自省成为孤独的基调。孤独，或许就能成为驱动人生的力量。

（《人民日报》2018年4月3日第19版）

"财富标准"框定不住"成功"

冯慧文

"在北京，年入百万只算刚刚脱贫""上海大爷：月薪一万是讨饭""30 岁，如果你还没当上管理层，你一辈子基本也就这样了"……网络上，这样耸人听闻的说法不时出现，每次都会引起不小的躁动。尤其是在大城市的年轻人当中，这种用"脱贫""百万""讨饭""不……这辈子就完了"等词渲染的所谓"财富标准""成功标准"，难免会让人心理潜移默化地变化。

有位咨询师接待过一个名牌大学来实习的学生，他这样问咨询师："老师，我 5 年后会成功吗？"咨询师问他："你说的是怎样的成功？"他说："就是有自己的公司，能出任总经理，不再为车房发愁，有想要的财务自由。"可是，当咨询师接着问他，想做一个什么样的公司、创业的第一桶金从何而来时，他的回答总是"没想好"，却又恨不得使出全身力气地告诉咨询师："我知道我的想法不现实，可是我就想要成功！"

不得不说，单用资产量级标准定义的成功，让这个孩子迷失了。他急切地想证明自己，太想理直气壮地站上财富的顶端。但可以看出，类似"百万以下皆穷人"式的对成功的建构，只是煽动起了他的焦虑，却并没有给他未来的路径带来启发，反而容易蒙蔽年轻人的双眼，只盯着那些"赚钱多而快"的路子。

这类路径的共同特征就是，用只有少数人才能达到的财富量级作为大多数人成功的"标准"，并用具体的、可对照比较的年龄和收入数字来定义，从而忽悠起绝大多数人的焦虑感。

然而，这种以"少数人的财富标准"煽动起来的焦虑感不仅没什么意义，甚至还会有负面的影响。它一方面加剧我们的躁动不安，剥夺我们好不容易得来的幸福感；另一方面，还有可能这本身就是一些无良的培训机构、投资机构炮制的谎言，以促使人们在"焦虑"的驱动下急切地扑向他们所谓的"优质投资途径""改变你人生的课程"，成为他们牟利的对象。当人们只盯着那些"赚钱多而快"的路径时，很容易就忽略了踏踏实实去努力这条路，而这条路才是大多数人最现实和最依赖的生存发展之道。

网上常有人问："30 岁年薪 20 万算不算很失败？"其实，这是可以一直争论不休却永远无解的问题。因为成功的定义从来都是多元的。年纪轻轻就腰缠万贯是一种成功，身体健康算不算一种成功？家庭和睦算不算一种成功？最近，82 岁高龄的张弥曼捧回了 2018 年度联合国教科文组织"世界杰出女科学家奖"，她在自己的领域默默坚持几十年，最终推动了人类认知的进步，谁又能说这不是一种成功？

空洞地拿少数人的"财富标准"来衡量自己，并不会让你更清楚自己的位置和方向。不必因为别人的忽悠而一窝蜂涌向"风口"，不必因为别人外表的光鲜而自卑或自暴自弃，更不必因为短时间内还没有看到回报就放弃自己的路。

坚持下去，因为努力或许不是一台天平，但它至少是一根杠杆。或许你的家庭背景、天赋能力、人脉资源以及成长教育环境暂时让你这一端的力臂短了一些，但你可以慢慢去改变力臂的长度，多积攒力量，最终担起你想要的东西。

　　"这个时代从不辜负人，它只是磨炼我们，磨炼每一个试图改变自己命运的平凡人。"只要时间还在行走，每一个人就可以尝试更多的东西，在有合适机会的时候就能起飞。

　　　　　　　　　　　（《人民日报》2018 年 4 月 10 日第 19 版）

星座中找不到引路星光

吴储岐

　　"他各方面都挺好，可惜就是射手座，这个星座不靠谱。""你们双子座，俩人就够打一台麻将了吧！""我最近'水逆'，怪不得诸事不顺。"……时下，星座常常成为年轻人间的谈资。对于星座，笃之信之者有之，长篇大论引经据典者有之，心怀疑虑观望嘲讽者有之，更有甚者把星座当成择偶交友的准绳，用所谓星座的理论来解释自己的周遭、时运、工作……若把星座当信仰，那么生活将黑白颠倒，日子只会越过越糊涂。

　　"你祈求受到他人喜爱却对自己吹毛求疵""有些时候你外向、亲和、充满社会性，有些时候你却内向、谨慎而沉默""许多时候，你严重质疑自己是否做了对的事情或正确的决定"……这是心理学家弗拉在 1948 年进行的一项人格测验，得出了一种心理学现象，称为巴纳姆效应：每个人都会很容易相信一个笼统的、一般性的人格描述，觉得特别适合他。即使这种描述十分空洞，读者仍然认为反映了自己的人格面貌，哪怕自己根本不是这种人。星座的性格描述，往往比较抽象、模糊、普遍，放在你身上适用，放在我身上也搭边。其实，这些似是而非的描述好比一瓶"万金油"，编织了一顶套在谁头上都合适的帽子，说不上来有什么错，但也未必那么贴切，放诸四海而皆准，也就难怪能"戳中"那么多人的心了。

　　王尔德曾经说过："生活对艺术的模仿，远远多于艺术对生活的模仿"。人们对星座的模仿，可能远远大于星座对人们的概括。作家侯文咏曾经讲过一个笑话：直到 18 岁前，我弟弟一直以为自己是 O 型血。书上说 O 型血对事冷静，讲求客观，结果他就是那副冷酷模样。某次检查，他突然发现自己竟然是 B 型血。书上说 B 型血倾向开放、好社交、口才佳……从此他又变成了 B 型血的模样。毫无疑问，这是一种心理暗示。有些年轻人觉得星座"准"，并不是因为自己的性格与星座真正契合，而是因为看到星座的性格描述后，在潜移默化中慢慢养成那样的性格。简单来说，就是按照星座的性格来"对表"生活，最后变成星座描述中那样的人。

那么，为什么有人会把星座当成信仰、奉为圭臬呢？或许是因为内心不够强大、缺乏独立思考。这样的人容易受外界影响，极易受他人暗示，特别是当问题来临、情绪低落、人生失意时，生活不在自己的掌握中，日子过得缺少节奏感，内心缺乏安全感，心理依赖性在无形中大大增强。星座的出现，像是一根救命稻草，为他们提供了一种简单明了的范式，去重新认知、解构他们"剪不断理还乱"的世界——只要根据星座描述，与周遭的人和事一一对应，那么好像生活没有那么复杂，一切问题好像有了新的解释。

人生路上，很多人都想要一本"通关秘籍"，或者一本百事通指南。星座，可以为生活点缀一些色彩，比如打发茶余饭后的闲聊时光，加深许久未见的好友之间感情，抑或化解初次见面无话可谈的尴尬。但是，星座终究只是星座，它不过是人类文明创造出来的确定天空方位的手段，占星术用它来解释和预测人的命运，并没有科学道理。事实上，它既不能解释你的过去，也不能定义你的现在，更不能指引你的将来。当你不再轻易受外界干扰、开始独立思考时，你就不会被星座催眠，更不会把信仰交给星座。这样的你，才能真正抓住生活、拥抱生活。

（《人民日报》2018 年 4 月 17 日第 19 版）

真正的诗意

周珊珊

他相貌平凡，头发稀疏衣着朴素；他出身平凡，中专毕业四处打工；他个性平凡，寡言少语不动声色。

就这样一个怎么看都很平凡的 80 后外卖小哥雷海为，在中国诗词大会第三季凭借出色表现，屡次赢得评委和对手的称赞。他赢得总冠军的消息，也一时"刷屏"了微信朋友圈。

为什么会有"一时竞传飞花令，满屏纷说雷海为"的盛况？最主要的原因，或许正是他身上自然流露出的诗意。

诗意让他春夏秋冬奔波的生活不那么难熬。雷海为在雨打风吹中送餐，自己的三餐加在一起不超过 25 块钱，总共用不到半小时吃完……一切辛劳都在诗词"江湖"中化解，等餐时他背诗，送餐时他默诗，下班后他还在一群玩手机的室友中独自读诗。他过着最朴素的生活，却怀揣最诗意的态度，在谋生计的匆匆步履里，堆叠着的都是诗词的韵脚。

诗意让他拥有对手可能没有的沉静。在多场比赛中不急不躁的沉稳表现，让对手都不由得称赞他像是《天龙八部》里的"扫地僧"。这超乎他人的沉静，多半源自于平日里"左手外卖右手诗"的积累，就像他选的那句定场诗"千淘万漉虽辛苦，吹尽狂沙始到金"一样。

诗意也给了他乐观豁达的生活态度。雷海为最喜欢的诗人是李白，词人是辛弃疾，最爱的一句诗是"天生我材必有用"，其豪情满怀、自信乐观可见一斑。顺境中以诗歌来自我肯定，逆境中以诗歌来自勉自励，诗歌给他原本暗淡的平凡生活燃起了一星乐观的火光。

工作忙碌、生活喧嚣的多重压力下，"诗和远方""说走就走"成为当下很多青年的热切追求。殊不知，真正的诗意或许就在眼前，就在脚下，就在于认清生活的真相后还依然热爱生活的态度。就好比满地都是六便士，充满诗意的人总还能记得抬头望望月亮。相反，如果心无诗意，可能除了"眼前的苟且"，也只能剩下"远方的苟且"。

"人生自有诗意"不仅仅是一句口号。在诗词的"江湖"中，无关职业。这样的诗意，属于武亦姝、彭敏这样的"才女""才子"，也属于外卖送餐员雷海为、"馒头哥"雷小平这样的普通青年。虽身处"快消时代"，但诗词尚能"曲高和者众"，我们也仍然对充满诗意的人抱有敬意，或许也正出自我们心底里对诗意的内在追求和向往。

诗意生活的方式有很多种。若没有梭罗独居瓦尔登湖的条件，也可以学学陶渊明，哪怕"结庐在人境"，还是能感受到"采菊东篱下，悠然见南山"的自在；若没有李白"举杯邀明月，对影成三人"的浪漫想象，也不妨像朱自清一样，漫步在荷塘边的小煤屑路，把心里的诸多不平静，且交付给那无边的荷香月色。

古今中外，诗人、诗心或许各有不同，但诗意却是共存的。"今人不见古时月，今月曾经照古人"，借由诗词的载体，这诗意能穿越千年，启迪智慧、照抚心灵。

当然，诗意并不是一艘能带你渡过所有现实难关的船，心怀诗意也并不是要借此逃避现实，而是要学会用诗意的心灵感知和判断世事。如果能有"何妨吟啸且徐行"的心态，敢于"直挂云帆济沧海"，那又何须介怀前路到底是风雨还是晴呢？

　　王尔德说："吾辈皆身处沟渠之中，然其必有仰望星空者。"的确，青年人与其困于"你的同龄人在抛弃你"的恐慌与焦虑，不妨学学雷海为，诗意地栖居在忙碌的生活里。

（《人民日报》2018 年 4 月 24 日第 19 版）

生活的真谛在点滴奋斗中

张　璁

当5月的春风不经意间开始有了暑意，也终于要到了高校毕业季。站在人生的十字路口，关于前途方向的选择成为毕业生常常谈论的话题。记得几年前，当时站在"路口"上的我，为了事业，为了爱情，曾在诸如"北上广深还是家乡"这样的选择之间踟蹰犹疑过，甚至为此反复争辩、激烈挣扎。

有人说，北上广深等一线城市是冒险家的乐园，年轻就是资本，怎能不到一线城市闯一闯？也有人说，回到小地方就只能托关系、找门路，求个安稳的工作，过着一眼就能望到头的日子。当失去了具体的语境，这些说法都似是而非，可对于涉世未深的年轻人来说，这些纷乱的声音却让他们迈向社会的第一步显得有些无所适从。

其实，关于人生这张考卷，大城市还是小城市从来不是一道非此即彼的选择题。至今我仍记得那年毕业时，一位师长这样告诉过我们："没有小的城市，只有大的人生。"

这样简单的一句话，几年后再回首才看得更加真切。如今，星散在五湖四海的同龄人，他们有的成了商业公司的中坚骨干，为了拼业绩常常加班到深夜；有的初为人父母，忙忙碌碌中品味着小家的甜蜜；有的炒了老板的鱿鱼，自己拉起一支创业团队，在理想与面包之间咬牙扛起了所有的责任。不论在大城市还是小城镇，每个人都可以有追求各自人生精彩的活法。

不过，最让我充满敬意的那位同龄人，却在最好的年纪，放弃了大城市令人羡慕的工作，前往甘肃腹地的贫困地区，到村里做了"第一书记"，硬是靠着一碗臊子面致富了一个村。"不能让贫困成为下一代的负担"，对他来说这就是支撑起他人生价值的信念。

生活的真谛从来都不在别处，就在日常一点一滴的奋斗里。放下手机，睁眼看看真实的生活，不难发现即使大城市也有不少人过着"小人生"，而越来越多的年轻人正走向广阔天地里大有作为。

说到底，人都是"不患无位，患所以立"的，与其焦虑与同龄人的所谓"差距"，倒不如退一步想清楚究竟什么才是自己的立身之本。在人生的十字路口面对选择，有些年轻人之所以满怀焦虑，大概是因为既想追求世俗意义上的成功，又想让人生过得充满意义。两者其实并非鱼和熊掌不可兼得，但若一味向外求索，以为那些光鲜的标签里藏着答案，可东追西逐到最后，或许反而他们既不懂什么是"成功"，也不明白何谓"意义"。

大城市抑或小地方都定义不了你是谁，唯有你心中的格局和信念，才能刻画出自己人生的参考系。人生也不是一道加减乘除的算术题，从来没有什么放诸四海皆准的最优解，对于敢于奋斗的人来说，条条大路都通往罗马。这是一个最适合奋斗的时代，是一个属于奋斗者的时代，保持自己的理想，马上行动起来，或许，你很快就能发现，打开未来之门的钥匙已经被你紧紧攥在手中。

（《人民日报》2018 年 5 月 15 日第 19 版）

青年当做新时代奋斗者

于 石

日前，第二十二届"中国青年五四奖章"揭晓。在 28 名奖章获得者当中，来自安徽砀山的"励志女孩"李娟引来人们关注。体重仅有 25 公斤、全身只有脖子以上部位能够有限活动的她，硬是咬着触控笔，在手机上一字一字地输入，在过去一年通过电商销售水果超过 40 万斤，带领乡亲们脱贫致富。"失去什么，都不能失去前进的勇气。""励志女孩"所传递出的，正是新时代奋斗者的青春风采。

"要励志，立鸿鹄志，做奋斗者。"习近平总书记在北京大学师生座谈会上的深情寄语，为广大青年朋友廓清了成长航道，鼓励每个青年在难得的人生际遇中努力奋斗，以青春之我、奋斗之我，为民族复兴铺路架桥，为祖国建设添砖加瓦，激荡起无数青年的青春力量。

生逢其时，而又重任在肩，这是一代又一代青年人的历史使命。忆往昔峥嵘岁月，毛泽东 17 岁以诗明志，25 岁成立党组织，28 岁出席党的一大；邓小平 18 岁就投身革命事业，25 岁开始领导革命运动；习近平 15 岁到延安插队，29 岁去河北正定工作……这些青春故事，无一不是以国家富强、人民幸福为己任，以胸怀理想、不懈奋斗为使命，在历史上镌刻下不可磨灭的青春印记。

好儿女志在四方，有志者奋斗无悔。如果说，百年前的近代图景，激发了彼时青年为救亡图存奔走呼号，那么现如今的时代光景，同样激励当代青年为民族复兴接力奋斗。站在改革开放 40 年的时间节点上，当代青年更加义不容辞。和改革发展的中国同向而行，与日新月异的新时代相伴成长。这既是"长江后浪推前浪"的历史规律，也是"一代更比一代强"的青春责任。在时与势的磅礴伟力中，既涌现出一大批如李娟般"青春不息，奋斗不止"的时代榜样，也孕育出"幸福都是奋斗出来的"价值理念。可见，无论是革命烽火中的烂漫青春，还是复兴气象里的年轻活力，紧跟时代砥砺前行、担当责任奋发有为，都是中国青年始终不渝的时代风采。

"志不立，天下无可成之事。"面对形形色色的诱惑，遇到高低不平的路障，陷入左顾右盼的迷思，难免有人会心生动摇、停步不前。比如，有人罔顾历史，抹黑英雄先烈；有人一身戾气，与和谐的环境格格不入；有人急功近利，用出格的行为博眼球……要知道，丧失理想志向，再激荡的河流也会枯竭；没有奋斗拼搏，再澎湃的航程也终将搁浅。历史和现实表明，青春激情需要志向才能点燃，青春理想需要奋斗才能实现。循着理想的晨星，凭着拼搏的勇气，我们才能走出一人一事的得失，在时代跳动的脉搏中实现我们这代人的使命与担当。

"志之所趋，无远弗届，穷山距海，不能限也。""励志女孩"的故事并未结束，更多的励志青年还在不断涌现。珍惜这个伟大时代，做新时代的奋斗者，我们就能在人生最明媚的季节，不负韶华，不辱使命。

（《人民日报》2018 年 5 月 22 日第 18 版）

让生命奔流成大江大河

沐　沂

1835 年，德国特里尔城，一位 17 岁的中学生在他的高中毕业作文中写下这样一段话："如果我们选择了最能为人类而工作的职业，那么，重担就不能把我们压倒……我们的幸福将属于千百万人，我们的事业将悄然无声地存在下去，但是它会永远发挥作用，而面对我们的骨灰，高尚的人们将洒下热泪。"文章的作者是卡尔·马克思。这虽只是一篇高中作文，但读者从中可以看出青年马克思的崇高理想。正是这一理想，使他的目光不断向历史纵深处眺望。

今年 5 月 4 日，习近平总书记在纪念马克思诞辰 200 周年大会上指出："马克思的一生，是胸怀崇高理想、为人类解放不懈奋斗的一生。""马克思给我们留下的最有价值、最具影响力的精神财富，就是以他名字命名的科学理论——马克思主义。这一理论犹如壮丽的日出，照亮了人类探索历史规律和寻求自身解放的道路。"

而此前的 5 月 2 日，习近平总书记在与北京大学师生座谈时，谆谆教导广大青年要励志，立鸿鹄志，做奋斗者，在新时代干出一番事业。历史长河中，多少志士仁人早立志、立大志，然后安身立命、奋斗不息，让生命从一条清澈小溪奔流成大江大河。

习近平总书记本人便是立志的典范，他曾深情回忆 7 年梁家河岁月："作为一个人民公仆，陕北高原是我的根，因为这里培养出了我不变的信念：要为人民做实事！"

后来，习近平总书记经常用一个比喻来勉励青年，扣好人生第一粒扣子。这"第一粒扣子"指的就是立志——坚定理想信念。

当下不少年轻人喜欢在实现一个个"小目标"中，获得人生的"小确幸"，这自然无可厚非。但人生有丝竹清音，也当有黄钟大吕；有柔情缱绻，更应有家国情怀。若想不负韶华，还应趁早思考安身立命的人生大课题。古往今来，成大事业者，无一不是早早立志，在人生道路起步之初便立下鸿鹄志。

理想信念，是人生的定盘星、行动的指南针。心中有志，脚下才有根，就不会轻易栽跟头；心中有志，人生才不会无聊，不至于随波逐流。每当艰难困苦，每当失意落魄……心念一转就看到自己早就立下的志向，于是内心复归澄澈，并生发出无限动力，这便是"不忘初心"。

习近平总书记在讲话中将立志与奋斗并举，可谓寄托深远、语重心长。不坚定的理想不是理想，不执着的信念难言信念，真正的坚定和执着，一定在奋斗中铸就。励志者，"砺志"也，没有千磨万击，信仰如何闪光？没有奋斗乃至牺牲，理想又如何实现？理想信念，是夏明翰的"砍头不要紧，只要主义真"，是方志敏的"敌人只能砍下我们的头颅，决不能动摇我们的信仰"……

身处新时代，时运并相济。一代人有一代人的使命，愿当代青年像习近平总书记所寄望的那样，做有理想、有学问、有才干的实干家，与时代同行，与祖国共奋进，在波澜壮阔的伟大历史进程中实现自己的壮美人生。

（《人民日报》2018年5月29日第19版）

为青春蓄满能量

李昌禹

如果回到 10 年前，你最想对自己说什么？

曾经有人在网上这样发问，引发了不少人的遐想。在五花八门的回帖中，有一个回答引起了大家的集体共鸣："好好学习吧！不然 10 年以后，你还要对 10 年前的自己说这句话。"

所谓"书到用时方恨少"，相信不少人都有过这样的"懊悔时刻"：临近考试的时候，懊悔平时没在功课上多下点功夫；面对专业问题心有余而力不足时，懊悔平时专业没学扎实；还有人说，有时甚至在网上跟别人辩个论都对自己懊恼不已——尤其是遇到立场相反的言论却无力反驳时——归根结底，还是书读少了！

对于年轻人来说，学习知识无疑是最有回报的投资。如果把一个人的成长比作植物的生长，分为由苗而秀、由秀而实等几个阶段，那么一个人的青春年华则大致相当于"秀"的那一段落——抽穗扬花，这个时期最需要养分的滋润，"秀"的程度，直接决定了以后所结出的"实"的大小。如何补充养分？对于年轻人来说，最好的办法莫过于读书学习，求真学问，练真本领。

今年 5 月 2 日，习近平总书记在与北京大学师生座谈时这样勉励广大青年学生："要求真，求真学问，练真本领。'玉不琢，不成器；人不学，不知道。'知识是每个人成才的基石，在学习阶段一定要把基石打深、打牢。"这对年轻人的劝勉，可谓言之谆谆，意之殷殷。

古人说："学如弓弩，才如箭镞。"说的是学问的根基好比弓弩，才能好比箭头，必须要有厚实的见识来积蓄力量，才可以让才能之箭射得更远、更有力道。青春年少，是人一生中精力最充沛旺盛的时候，也正是丰富知识积蓄能量的大好时光，年轻时打好学问根基，练就过硬的本领，方能为青春搏击积蓄充足的能量，让人生之路越走越顺畅、越走越从容。

习近平总书记年轻时曾在陕北插队达7年之久。在那段艰难岁月，他发愤学习，孜孜以求"真学问、真本领"。他曾在与年轻人座谈时说："我到农村插队后，给自己定了一个座右铭，先从修身开始。一物不知，深以为耻，便求知若渴。上山放羊，我揣着书，把羊拴到山坡上，就开始看书。锄地到田头，开始休息一会儿时，我就拿出新华字典记一个字的多种含义，一点一滴积累。我并不觉得农村7年时光被荒废了，很多知识的基础是那时候打下来的。"

当下的时代，学习的重要性更是应了那句老话：人之为学，不日进则日退。科技的发展日新月异，新事物的涌现层出不穷，有很多新的课题等待我们去研究，有很多新的技能需要我们去学习，新时代为广大青年提供了广阔的舞台，创造了充分的发展机会，也对年轻人的创新力、创造力、行动力提出了新的挑战。在这场新一轮的竞逐中乘风破浪，首先得提升自己的"续航能力"，时刻保持"电力满格"。

"涉浅水者见虾，其颇深者察鱼鳖，其尤甚者观蛟龙。"学习也是一个由浅入深的过程，在这个过程中，须得下一番苦功夫，啃一些难懂的"硬书"。在当下，尤其要谨防满足于网上碎片化的信息、快餐化的知识，看上去好像获取了大量知识，但实际上缺乏深度、系统的学习和训练，这样充的电难以"续航"。

人生有涯，而知无涯。正如习近平总书记勉励广大青年时所说："人的潜力是无限的，只有在不断学习、不断实践中才能充分发掘出来。"新时代的伟大征程中，宏伟蓝图已经绘就，未来的精彩篇章，正期待着一代代的年轻人在不断学习、不断实践、不断拼搏中一笔笔续写。

（《人民日报》2018 年 6 月 5 日第 19 版）

做奋斗者　做实干家

李　斌

习近平总书记在北京大学师生座谈会上向广大青年提出的四点希望，爱国、励志、求真、力行，为新时代青年指明了前进的方向。这四点希望，其根本点在忠于祖国、忠于人民，出发点在立鸿鹄志、做奋斗者，着力点在求真学问、练真本领，落脚点在知行合一、做实干家。青年成长为有理想、有学问、有才干的栋梁之材，四项素养缺一不可，最终需要在力行和实干中实现。

"长安何处在，只在马蹄下。"古往今来，无论通达美好梦想，还是成就壮丽事业，坦途只有一条，那就是一往无前地实干；捷径只有一种，那就是久久为功地力行。多少青春年少，都喜欢指点江山，都梦寐少年得志，都渴望年少成名。不能不说，渴望远方、敢于梦想是青年的优势，但眼高手低、驰于空想、怠于实践也往往是青年的劣势。所以许多"过来人"总会告诫，"少年得志大不幸，千金难买少年穷"。未经磨砺的青春称不上美丽，知行合一、严谨务实、苦干实干，梦想才会成为青春腾飞的翅膀。

100 年前，国学大师章太炎在一次演讲中谈及青年弱点，尖锐指出青年"把事情看得太容易，其结果不是侥幸，便是退却""虚慕文明""好高骛远"等多处不足。至今看来，这些提醒依然充满警示意味。青年时期是人生大厦奠基的关键阶段，最忌浮于不切实际的空想，最怕做事三天打鱼，两天晒网。如果瞧不上吃苦耐劳，不迁就平凡岗位，容不了基层苦累，生命因何变得坚强？如果心气旺盛、眼光高蹈，空想坐等干"大事业"，岂不会误入纸上谈兵、临渊羡鱼、守株待兔的歧途？

习近平同志在河北正定工作时，就曾讲述过一个实干躬行的故事。正定七吉大队有个名叫郑春林的青年，年幼患小儿麻痹症，一条腿有残疾。然而他并没有自暴自弃，自费到北京学习绘画、照相的技术，给群众画影壁、画炕箱、照相来养活自己。他还在家里搞起养貂的家庭副业，并主动向其他青年传授技术，带动起许多养貂户。通过努力，他在七吉大队盖起了第一栋小楼。郑春林不悲观、不等待，创造出脱贫致富、帮扶乡里的不平凡事迹，堪称那个年代的"励志哥"。而这，正是知行合一、实干苦干的力量。

试看今日青年，总有许多闪光点令人艳羡：80后与改革开放共成长，知识充实、眼界丰富；90后与互联网浪潮共进步，思维活跃；00后出生于21世纪，沐浴着全球化的红利，视野宽广、开放自信。但是另一方面，青年的知识体系搭建尚未完成，价值观塑造尚未成型，情感心理尚未成熟，所以总离不开师长亲朋的指导浇灌，总需要到实践的大熔炉里百炼成钢。青年既立鸿鹄志、求真学问，也做奋斗者、做实干家，必将大有可为、大有作为。

没有哪代人的青春是平凡的，因为孜孜不倦的付出生命所以气象万千，因为百折不挠的奋斗生活所以洗尽铅华。"道虽迩，不行不至；事虽小，不为不成。"无论青春场景如何变幻，不驰于空想、不骛于虚声、脚踏实地、苦干力行，青年一定能创造出彩人生、成就有益于时代和人民的事业。

（《人民日报》2018年6月12日第19版）

到基层和人民中去建功立业

赵婀娜

　　每到大学生毕业季，总有一些场景、一些人、一些事，在我的脑海中变得异常清晰：

　　清华大学法学院毕业典礼上，400多位毕业生中，有60多人主动告别都市的繁华，选择去基层一线就业。大礼堂内，学院专门为这些毕业生提供一块单独的区域就座，并请他们接受来自全体师生的敬意。

　　北京大学首届全科医学硕士专业学位研究生姚弥，毕业后选择留在社区医院做一名社区全科医生。他说："很多患者问我以后会去哪。我说，只要你们相信我，我会一直待在这里。"

　　"全国抗震救灾英雄少年"王佳明，毕业之后没有因为身上的光环留在北京从事光鲜亮丽的工作，而是回到家乡，做一名普通的选调生。他说，自己从未忘记自己从哪里来，也从未忘记自己学成之后应肩负的使命。

　　毕业于名校，承载着家人和社会的期望，在大学毕业的人生十字路口，在纷繁复杂的选择中，这些年轻人做出了或许是最为不易、但却是最忠于内心的选择——到祖国最需要的地方去，到离家乡人民最近的地方去。

　　面对这些年轻人的选择，广大青年是有理由为他们感到骄傲的。我们常说，大学生的就业观是观察社会变化的风向标，就业观念的变化正折射出社会的进步与青年成才观念的变化。不在父母搭建的安逸窝中舒舒服服过日子，不害怕被汗水和泥土弄脏衣衫，理想坚定，信念执着，不怕困难，勇于开拓，顽强拼搏，永不气馁，这才是新时代青年最鲜明的青春底色，是"立鸿鹄志，做奋斗者"的最好体现。

面对这些年轻人的选择，高校有理由为育人成果而感到骄傲。大学之本在育人，不让学生成为"精致的利己主义者"，不让心中的千军万马妥协于舒适安乐，而是成长为社会主义建设者和接班人，要时时想到国家，处处想到人民，做到"利于国者爱之，害于国者恶之"，更好地守护理想与激情，不辱时代使命，不负人民期望，这才是一所大学应有的使命担当。

面对这些年轻人的选择，整个社会也有理由感到骄傲。试想，只有当整个社会营造了热爱祖国、尊重个性的文化与成才环境，才能鼓励和引导更多毕业生听从内心召唤、以榜样为前行的动力，在毕业季勇敢追寻梦想，也才能有更多的毕业生面对纷繁复杂的选择时，理性从容地在实现"小我"与为国家和社会献力的"大我"中，找到最佳的结合点。

习近平总书记曾勉励青年人："到基层和人民中去建功立业，让青春之花绽放在祖国最需要的地方，在实现中国梦的伟大实践中书写别样精彩的人生。"每一个即将踏入社会的大学毕业生，俯下身来，扎根大地，吸收营养、汲取力量，如此，在之后更漫长的人生中，方能跳得更高、更远，厚积薄发、行稳致远。

（《人民日报》2018 年 6 月 19 日第 19 版）

青年当肩负时代使命

卢晓琳

前不久，一组中国军人的照片在网络上让无数人感动落泪：西藏军区某旅官兵在海拔 5600 米、紫外线极强的地域展开极限训练。虽然做了多重防护，但战士的面部还是被灼伤。面对镜头，官兵们坚强乐观的笑容让人们看到了他们青春胸膛里沸腾着爱国报国的热血。网友们纷纷留言："岁月静好是因为你们在负重前行。""你们把最美好的青春献给了祖国和人民，向你们致敬！"……

在祖国漫长的边海防线上，这些最可爱的人还有很多很多，一代代边防官兵战风霜、斗雨雪、洒热血，将最好的青春时光留在了雪域高原、大漠戈壁、万里海疆，用忠诚捍卫祖国尊严、社会稳定和人民安宁，用奋斗书写强军兴军的伟大事业。

无数青春故事印证了一个朴素而深刻的道理：当个体的青春肩负起时代的使命，人生就有了非凡的意义。一代代青年肩负起国家和民族的希望接续奋斗，不懈追求的美好梦想始终与振兴中华的历史进程紧密相连：1919 年，30 岁的李大钊发表《我的马克思主义观》，向中国系统介绍马克思主义理论，在当时的思想界产生震动；1920 年，29 岁的陈望道翻译《共产党宣言》，积极宣传马克思主义思想；1921 年 7 月，中国共产党第一次全国代表大会在上海召开，13 位代表的平均年龄只有 28 岁……28 年后，中国共产党终于带领中国人民站起来了，建立了一个充满生机活力的新中国。

青春与使命同辉，奋斗与责任相伴，青年必将在国家建设中迸发出青春激情。不久前，习近平总书记在北京大学师生座谈会上指出："广大青年应该在奋斗中释放青春激情、追逐青春理想，以青春之我、奋斗之我，为民族复兴铺路架桥，为祖国建设添砖加瓦。"习近平同志 1969 年来到黄土高坡上的陕西梁家河，7 年的知青岁月中始终保持积极进取的人生姿态；在河北正定工作期间，他走遍全县 200 多个村庄，深入了解社情民意，用奋斗的步履丈量青春之路，留下坚实的人生足印。习近平总书记的青春告诉我们，奋斗者的青春最美丽，有担当的青春更出彩。当青春梦融入中国梦，才有力量根基，才有广阔舞台，当奔涌跳跃的生命浪花汇入时代前进的滚滚洪流，才会创造属于这个时代的光荣。

青春之于人生，意味着理想、朝气和开拓；青年之于国家，代表着生机、活力和未来。今天，中国特色社会主义进入新时代，伟大的时代让广大青年建功立业的舞台更广阔、实现梦想的前景更光明。在实现中华民族伟大复兴中国梦的征程中，每个人都是"梦之队"的一员，青年更是追梦圆梦的排头兵，更应该用奋斗唱响最动人的青春之歌。

"中国梦是历史的、现实的，也是未来的；是我们这一代的，更是青年一代的。中华民族伟大复兴的中国梦终将在一代代青年的接力奋斗中变为现实。"新时代呼唤着青年以意气风发之青春勇立潮头、担当重任，相信青年一代必将在奋斗中释放激情，在奉献中追逐理想，与祖国一起心跳、共同成长，肩负起时代赋予的使命。

（《人民日报》2018 年 7 月 10 日第 19 版）

奋斗自强天地宽

周珊珊

日前央视播出的《朗读者》第二季里，有一位身体瘦弱、坐着轮椅的嘉宾火了。他是清华大学研二的学生矣晓沅。6岁时，他患上了类风湿性关节炎，11岁又并发双侧股骨头坏死，从此只能靠轮椅生活。

身体的残缺，让矣晓沅的世界一下子变小了。寝室、教室、食堂，每天过着三点一线的生活。扶轮而行，他磨炼心智，全力投入学业，也积极投身社会实践、参加辩论赛等。因成绩优异、全面发展，他获得了清华大学本科生特等奖学金。

与矣晓沅类似，半岁时就失聪的清华大学博士江梦南，也从没放弃过奋斗。她靠学习唇语、看老师板书和课下自学追赶同龄人，高考考入吉林大学药学院，今年又通过了清华大学博士研究生的选拔。

奋斗自强弥补了自身的身体缺陷，探索出了和健全人一样宽广的世界。当奋斗的目标从改变自己延伸到帮助他人和改变社会，他们的世界就变得更大了：大学期间，江梦南多次到家乡的特殊教育学校做义工，鼓励和帮助身体有残障的儿童；矣晓沅现在主攻人工智能方向，想通过科学技术帮助更多身体不便的人，传递爱的火炬。

与他们类似，青年奋斗者的榜样还有很多——

霍金21岁时患上"渐冻症"，后来全身瘫痪，不能说话，手部只有三根手指可以活动。他同样通过奋斗自强，深耕科研，为我们揭开浩瀚宇宙的奥秘，拓展了物理学的知识边界。史铁生20多岁时因病坐上轮椅，但他用文字的奋斗反抗命运的安排，自己彷徨在苦痛边缘，却带着乐观的态度看待命运与现实，用文学启迪了一代又一代青年的心灵。奋斗是青春的底色。他们通过奋斗，突破的是身体缺陷带来的限制。而对于广大身体健全的青年来说，奋斗的过程中也需要突破来自外界和自我的各种限制。

奋斗的第一层境界可称作"忘物"，即摆脱来自外界的限制。史铁生曾把生命分为"有限的身在"和"无限的行魂"两种，想活成后一种样子，就不能把生活中种种不便和困难当作放弃努力、不再奋斗的借口。"忘物"的奋斗者用心享受奋斗过程中的趣味和快乐，不在意外界的限制和阻碍。前阵子走红网络的"最美搬运工"朱芊佩，让人最为感动的，正是那种卖力干活、自立自强的奋斗之美。

奋斗的第二层境界是"忘我"，即摆脱自我设限，立鸿鹄志、长真智识、有恒一心。忘我的奋斗者在逆境中不断战胜自我，在专注中忘记自我，用奋斗这块敲门砖叩响梦想的门。美国哥伦比亚大学硕士黄泓翔，毕业后放弃在美国的高薪职位，选择了在非洲大地上从事动物保护工作。他曾化身买家，参与调查机构的"卧底"，用自己的奋斗，捍卫生命的尊严。

奋斗自强，天宽地广。习近平总书记在北京大学师生座谈会上指出："幸福都是奋斗出来的，奋斗本身就是一种幸福。"新时代的伟大征程中，坚守梦想、努力拼搏、全力奉献，就是奋斗者最美的青春誓言。愿每个青年都能怀揣一颗奋斗的心、一股不服输的劲、一个要实现的梦想，跨过高山大海，踏过满途荆棘，昂首阔步走向人生高处。

（《人民日报》2018年7月17日第19版）

青年当立志　为国作栋梁

张　璁

从西宁驱车向西 100 余公里，就能找到青海湖畔那片群山环抱的草原。据当地人介绍，草原上的金鹿梅开着黄花，银鹿梅开着白花，漫山遍野地连缀成金色与银色的草滩，因此得名"金银滩"。

很多人知道"金银滩"，是因为王洛宾为这里写下的那首《在那遥远的地方》，至今在草原上吟唱。但今天许多年轻人或许不了解，这里值得被人铭记，还因为五六十年前来到这里的一群青年，他们的工作必须默默无闻，但他们的事业却让中国挺直了脊梁——金银滩正是"两弹"诞生的地方。

20 世纪五六十年代，新生的共和国面临着严峻的国际形势，为打破核大国的垄断，最初的"创业者"们从北京、上海等大城市，只身来到金银滩，在人迹罕至的荒原扎下几顶帐篷，他们一铲一锹书写出后来惊天动地的传奇。

原子城纪念馆里，有一张珍贵的老照片，那是一张合影，并肩站着四个风华正茂的姑娘，笑得阳光灿烂。照片的介绍说，这或许是当年唯一一张留存下来的生活照，因为四个主人公不知道部队规定不许拍照，也许当时只是想寄回家让家人放心，但照片最终被尘封了几十年后才重见天日，而此时当年的四位姑娘中已有两位不在人世。

这样的故事并不少见，当年多少大学毕业生隐姓埋名来到这片草原，因为保密，这些青年无法告诉家人朋友自己做了多么骄傲的事情，甚至还要被人误解。可那时的青年、如今已退休的老人，现在再提起那段岁月还是会泪流满面，会因为自己是这一段历史的见证者和参与者而感到无比自豪。

功勋卓著却不为人知，这样的青春值得吗？其实，青春不是橱窗里供人艳羡的华丽，而是用事业反复磨砺的锋芒。"现在，青春是用来奋斗的；将来，青春是用来回忆的。"当珍贵的青春年华投入到祖国的建设中去，才不会在回首往事时因碌碌无为而感到后悔。

今天依然是奋斗者的时代，前路依然还有无数事业需要青年艰苦创业去开拓。改革开放已经40年，经济社会取得了举世瞩目的伟大成就，但我们必须清醒意识到奋斗还远没有结束，我们没有理由躺在功劳簿上睡大觉。我们今天拥有了很多世界第一，但依然还有许多高科技领域"缺芯少魂"；一旦失去了"独立自主，自力更生"的精神，就容易陷入"被动挨打"的状态。伟大的精神锻造出伟大的事业，当年的金银滩上"一穷二白"尚且可以闯出一条路，今天的青年更要有不甘人后的志气。

一代人有一代人的长征路。今天青年的幸福是无数先辈用奋斗换来的，而未来在等待当代青年给出自己的答案。从来没有什么白来的幸福生活，也没有理所当然的国富民强。青年当立志，为国作栋梁。

（《人民日报》2018 年 7 月 31 日第 19 版）

"职责使然"是担当

巨云鹏

最近，一篇新闻报道把西藏军区一个边防团的生活呈现在公众面前。

日常六七十斤负重、动辄上百公里巡逻，在峭壁、冰河、雪山、森林之间穿行……世界屋脊的最险处，几十年来，一代代边防官兵在这里守卫边境。鞋袜浸血、积劳成疾是常态，还有的人，甚至把生命留在了雪山密林间。

"决不把领土守小了，决不把主权守丢了"，是每个战士到那里时立下的誓言，短短的一句话是他们对国家和历史的担当，此中勇毅，令人动容。

有人说，这不过是职责使然罢了，既然选择了当兵，就要做好戍边的准备。

从这个角度看，我们这个时代，大多数青年的工作似乎都是"职责使然"。作为医生，看病问诊是职责所在；做警察，保一方平安，理所应当；理财务、从事科研、扫马路……一个"职责使然"似乎全都能概括。

可依我看，"职责使然"这四个字里有深意，恰恰就藏着青年的历史担当。

记得自己刚走上编辑岗位时，一位前辈和我说："做工作一定要'雁过留声'。"什么是"雁过留声"，那时的我不明白。

　　她接着说，一个人做一份工作，要是把这份工作的里里外外都摸明白、吃透彻了，总能找出自己发挥特长的地方来，或是工作模式，或是工作流程，点点滴滴的细节里，你付出了、思考了，哪怕只是每天比别人多改几个标点符号，那么这份工作里就有你的痕迹，别人也就能记得住你、想得起你。以后，当你自己回忆起来，才不会"因碌碌无为而羞耻"。

　　"雁过留声"，就是把岗位的职责尽到底。做官的，廉洁奉公；经商的，诚信为本；干企业的，质量优先……不论是什么工作、身处何处，踏踏实实地做好本职工作，都算是为社会作贡献。再有余力者，在生活中面对弱者帮上一把，看见不平吼上一声，那便是更有担当作为。

　　1916 年，李大钊曾在《新青年》上疾呼，希望青年人能"冲决历史之桎梏，涤荡历史之积秽，新造民族之生命，挽回民族之青春"。百年间，无数青年不怕艰险、无畏牺牲，用一腔热血寻出一条道路，让沧桑中国以崭新的姿态站在了世界舞台上。今天的青年多不再需要付出生命的代价去推动历史进步，但无论身在何方，对职责的分毫努力，都会留下历史的印记。

　　西藏自治区墨脱县完全小学副校长格桑德吉，16 年来走悬崖、溜铁索，在泥石流、山体滑坡频发的道路上往返，走蜿蜒崎岖的山路小道家访，为的是完成自己作为一名教育工作者"控辍劝学"的职责，村民们亲切地称她是"护梦人"。就像西藏军区边防团的战士们一样，虽然有一天人们可能不再说起他们的故事，但"山知道我，江河知道我"，他们永远在历史中。

　　历史很大，个人很小，但这一大一小之间却有断不开的联系。守护好自己的一份责任，就是一个人对历史最好的担当。

（《人民日报》2018 年 8 月 7 日第 19 版）

用无私奉献回馈信任与期待

李 斌

在校竞选学生干部，毕业考取公务员，将来在各领域走上领导岗位，权力的考题，对相当一部分青年而言难免会涉及、早晚会触及。怎样看待权力，怎样使用权力，青年人的权力观值得重视。

青年朝气蓬勃冲劲足，对能锻炼管理能力、能服务奉献他人的职位充满期待，当然是一件值得鼓励的事情。雄才大略的军事家眼里，"不想当将军的士兵不是好士兵"。青年应有干大事、成大器的鸿鹄志，青年也应该关心国家大事、关怀人民福祉。以社会主义建设者和接班人的使命担当驾驭岗位和职权，乘新时代春风在祖国的万里长空放飞青春梦想，青年方能夯实成长成才的根基，作出一番有益于祖国和人民的事业。

然而现实不乏这样的现象：有的学生未踏足社会却热衷关系学，世故圆滑；有的青年年纪轻轻却"打官腔"，以"官"自居，以级别为荣，以头衔为耀，精于谋官，长于算计。

一些青年人里也流行这样的观念：学历贬值了但学生干部依然是"香饽饽"，无论如何也要在班里谋个"一官半职"；没当过学生干部就不是好学生，没当过学生干部就找不到好工作；做官能光宗耀祖，做官能受人尊敬。

种种现象和观念，暴露出的皆是少数青年身上的"官本位"思想误区。尤需警惕的是，官气是暮气之始，青年袭染了官气，整个社会都会暮气沉沉。如此一来，青年如何肩负国家和民族的希望？

　　"做青年友，不做青年'官'"，习近平总书记对团干部提出的要求，对广大青年来说，其实都是惕厉和警醒。青年恰处于价值观养成期、事业起步期，好似一张白纸，涵养正确的权力观、法治观、事业观、成功观，方能绘出最美的图画。如果听任邪气压倒了正气，浊气污染了清气，则可能在起步阶段就南辕北辙，迷失于歧路。"白袍点墨，终不可湔""轿夫湿鞋，不复顾惜"，说的都是敬畏开始、防微杜渐的道理。扣好人生的第一粒扣子，再怎么强调都不为过。

　　应看到，无论学生干部还是公职岗位，授权是一种信任，应珍视组织信任之重、同学同事期待之重，以苦干实干、服务奉献回馈这种信任。绝不能把信任当纵容，一朝权在手，便把利来谋。履权则是一种责任，权用为公、权用为民是天然之义，权力越大责任越重。权力和职位从来不是光宗耀祖的门面或者吃喝玩乐的待遇，"权力一旦变成乐趣，那么一切都完了"。青年多一分"努力"、少一分"功利"，多一分"实在"、少一分"精致"，谋功不谋官、谋事不谋人，才不会被歪风邪气袭倒，才能站直身板堂堂正正地做人做事、从政为官。

　　　　　　　　　　　　（《人民日报》2018 年 8 月 14 日第 18 版）

切莫热衷"处世经"

冯慧文

随着毕业季的离愁别绪逐渐消散，一大批年轻人步入职场。有人在网上问，职场新人不会看人脸色办事说话，怎么应对复杂的人际关系？不会说话、看脸色，常被人刁难，总是吃力不讨好……总有人被类似的问题困扰。

从校园迈入职场，一些年轻人容易感到不适应；加之人际关系的规则通常看不见、摸不着，需要慢慢感受和体会，更让一些年轻人感到无所适从。

于是有"热心人"试图帮别人学会处理人际关系，各种"处世经"粉墨登场。比如，有文章告诫说"在单位不要轻易展示自己的理想抱负，要认清自己""和同事不要轻易成为朋友"，还有人给新人支招，要先摸清同事间的关系，到能画出"关系结构图"的程度……

有媒体曾对2000多人进行的一项调查显示，89.7%的受访者对职场上的"为人处世"存在困惑。表现为："跟领导打交道很难把握分寸""面对'潜规则'不知该不该坚持自己"等。可见，在许多人眼中，"为人处世""人际关系"常常与潜规则一类的字眼联系在一起。

实事求是地讲，职场上具有良好人际关系的重要性不容忽视，它不仅让同事身心愉悦，还可以让你有更广阔的信息来源和机会，更能让团队合作顺利高效。

　　年轻人可能确实在待人处事上有需改进之处，但处理"人际关系"绝不应被歪曲为对同事的遮遮掩掩，对各种消极"潜规则"的妥协。不是任何情况下不得罪人就叫人缘好，不是逢聚会必到场、逢饭局必买单才叫会做人，不是隔三岔五找人谈心约饭加微信才叫建立人脉，更不能寄希望于送送礼、找找人、拍拍马屁就能在职场如鱼得水、不用脚踏实地就能混得风生水起。

　　到底怎样才能处理好人际关系？曾国藩曾在《与沅甫九弟书》中写道："左季高待弟极关切，弟即宜以真心相向，不可常怀智术以相迎距。"如今，在之前提到的调查中对职场"为人处世"的准则，人们回答最多的是"爱岗敬业""不卑不亢"和"自信坦然"。真心、坦诚、敬业，永远别因为听多了前人的"经验教训"就用戒备取代了真诚，别为了迎合他人而把精力放错了地方，别为了搞好关系做一个只能点头赔笑的"好人"。

　　在有些人眼中，办公室人际关系复杂，似乎这里就意味着人情大于能力、锐气和理想等同于孤立。但实际上，真正埋头做事的人不喧嚣。如果非说有什么处理"人际关系"诀窍的话，那就是靠敢于担当责任、勇于直面矛盾、善于解决问题，靠既有人情味儿又不失原则立场的态度赢得领导的赞赏和同事的认可。

　　青春那么美，没必要在人际关系上纠缠。真实或虚伪、刻意或自然，大多数人都会有所感觉。比起圆滑世故、平庸无聊，率真勇敢、干劲十足更受欢迎，那些常被忽略的朴实品质，比所谓的"处世经"更得人心。

（《人民日报》2018 年 8 月 21 日第 19 版）

不修"内功"，难成大器

丁雅诵

　　"不要大声责骂年轻人，他们会立刻辞职的""毕业 4 年，我换了 13 份工作"……网上有关年轻人频繁离职的文章不少，一言不合就"裸辞""闪辞"。一些年轻人"这山望着那山高"，缺乏定力，频繁跳槽，希望以此来增加收入或是谋求高位。可是，工作换来换去的多，事业有所起色的少。

　　年轻人有自信张扬、敢闯敢拼的一面，但也难免眼高手低、心浮气躁。有句话说得好："有什么样的能力，就会匹配什么样的工作。"如果刚进入社会，就一心想着"身登青云梯""出名要趁早"，也许很快就会陷入心态失衡的境地。

　　不要忘了，学习与历练是年轻人的首要任务，尤其是修炼一些管长远的"内功"。首批中国工程院院士黄旭华隐姓埋名 30 年，从青年到暮年，一心研究核潜艇，成为我国第一代核潜艇总设计师；中国科学院院士薛其坤在年轻时苦心钻研量子物理，凭借扎实的专业基础，攻克了"量子反常霍尔效应"世界难题。可见，欲成大器，必先修"内功"。

　　"修炼内功"、夯实基础是自古而来的道理。古人云："学如弓弩，才如箭镞。"意思是，必须有深厚的学养和积淀，才华之箭方能射得更准、更远。青年是人生中精力最为充沛的时刻，对知识、经验的积累和掌握较为快捷，因此也是修炼"内功"的最佳时段。与其牢骚抱怨、消极懈怠，或是挖空心思、投机取巧，不如给自己施加一些压力、练就一身过硬本领。

修炼"内功"，非一朝一夕之事。所谓"不积跬步，无以至千里"，"厚积"是"薄发"的必要条件。北京人艺在建院之初做的第一件事不是排戏，而是下厂下乡。所有导演、演员、舞美人员都在工厂或农村体验生活了半年，与工人农民们同吃同住同劳动，成了无话不谈的知心朋友。正是得益于深厚的生活积累，北京人艺的演出才能受到广大群众的热烈欢迎。

修炼"内功"，非轻而易举之事。面对光怪陆离、纷纷扰扰的世界，静下心、沉住气尤为不易。当下，"不求诸己、反求诸外"的现象并不罕见，有些人把大量精力放在应酬交际上，却不肯好好提升自己；有些人把大量时间花费在钻研成功学上，却不愿去读一本名著经典……如此行为，实在本末倒置。长此以往，必定难成大器。

修炼"内功"，非轰轰烈烈之事。"天下大事，必作于细"，伟大其实就孕育在每一个平凡的日常之中。从小处着手、从小事做起，脚踏实地、日积月累，古往今来成大业者，莫不如是。

说到底，那些真正的人生积淀、决定人生高度的东西，都是需要下苦功夫慢慢去丰富的。因此，年轻人与其焦虑不安，不如用心修炼好"内功"，不断提升自己的核心素养，如此才能"腹有诗书气自华"，真正成为"闪光的金子"。

（《人民日报》2018年8月28日第19版）

培养专心专注的能力

黄秋霞

曾经看到一个景区小店的经营者设置这样的游戏：15 分钟内，若能在白纸上连续无误地从 1 写到 500，就能赢得丰厚奖品，否则就需支付游戏费用。挑战看似简单无奇，参与游戏的年轻人也一波接一波，但实际上成功者却是凤毛麟角，"数字太多，烦躁写不下去了""一看手机注意力就分散了，很容易出错"……

缺乏专注力，似乎是当下不少年轻人都有的"苦恼"。有的人翻开书本，才翻读几页就掷到一边；立志健身，锻炼几日便打退堂鼓；制订了诸多计划，却总是拖延症缠身。而移动互联时代，更是容易让人沉溺于眼花缭乱的碎片化信息之中，瓦解年轻人的专注力与意志力。

在当下，专注力无疑是稀缺的品质。保持专注力，需要一颗坚定的内心，需要面对外界纷扰保持定力。专注者往往能在生活中处处管好内心，淬炼平和的心性，不被躁气吞噬。毛泽东在湖南省立第一师范求学期间，常拿着书到离第一师范不远的一个叫南门的地方，在嘈杂喧闹的大街边看书，以此作为考验，培养自己随时随地都能专心专注的能力。这种"闹中取静"的定力，无疑有助于我们拓宽洞察之视野，涵养"每临大事有静气"品质。

古人云："守少则固，力专则强。"专注不是局限住视野，其本质是剪掉那些不必要的"枝丫"，从而用志不分。人的精力十分有限，以清醒的头脑进行价值选择和取舍尤为重要，沉潜下来与有益之事"长相厮守"，方能做出不平凡的成绩。78岁的刘先林院士选择坚守最纯粹的科学精神，即使在高铁上也笔耕不辍，校对完善资料，用实际行动把"艰苦奋斗、不怕苦累、敢于创新的精神传递给年轻人"；黄大年教授放弃国外优越条件选择回到祖国，致力于深地资源探测，在7年间昼夜钻研，攻克难题，带领400多名科学家的团队创造了多项"中国第一"，填补了多项技术空白。像刘先林、黄大年一样的人还有很多，他们志向高远，撇开焦虑和诱惑的杂音，守住宁静，专一于为国家强大奋斗不息，贡献所能，终让一切浮华黯然失色，成为独好风景。

专注的养成也需要时间的沉淀。完善细微过程，不被焦虑捆绑手脚，才能将问题迎刃而解，才能以强劲持续的竞争力，在珍贵时光中积累出与众不同。如今，越来越多的"匠心"为人知晓：北京APEC峰会上，百万次錾刻敲击雕出的纯银丝巾果盘惊艳世界，古老工艺散发出光芒；故宫博物院的文物修复师，用专注耐力和精湛技法，重现了古老神奇。正是匠师们不走捷径，对细节进行一丝不苟的打磨锻造，日复一日的坚持，年复一年的专注，才让日常的点滴积累飞跃，完美绽放。

"人若愿意，何不以悠悠之生，立一技之长，而贞静自守。"奥地利诗人里尔克的这句话，或许可以作为那些需要培养专注力的年轻人的座右铭。而作为开始，也许仅仅需要这些年轻人放下手机，从读完一本书、完成一个计划做起。

（《人民日报》2018年9月4日第19版）

向外探索　向内生长

周珊珊

《年轻人，别让拖延症毁了你》《手机，正在摧毁年轻一代》《外卖，正在毁灭年轻人的生活》《被宫斗剧毁掉的中国年轻人》……不知道从什么时候开始，青年人的微信朋友圈开始被这样的文章刷屏。

"我们好像也太容易被'毁掉'了吧。"说起满屏的"毁掉体"，一位朋友无奈地说了这么一句，还配上了一个哭笑不得的表情。

但仔细想想，这些爆款文章之所以能"有市场"，主要是因为切中了青年人的某种心理状态和生活状态，让他们产生了共鸣——初入职场，难免有时不知所措；刚进社会，总归需要时间来慢慢适应；信息时代，智能手机占据了我们生活中的相当大比例的时间和精力；大城市工作节奏快、生活成本也不低，在这里奋斗，的确需要承受一定的压力。

但这样的文章多了，除了"我手写我心"的真情流露，也往往有"为赋新词强说愁"的刻意为之。随便找一个例子，甚至编排一个故事，刻意渲染焦虑、放大恐慌，再利用"标题党"博人眼球，意在利用共鸣之感制造规模化效应。对待这样的现象，我们不能一味感情用事，而要多一分清醒与理性，多一分谨慎与思考。

值得庆幸的是，时下很多青年人并不为网上的刻意煽情和贩卖焦虑买账，反倒诘问和"吐槽"起这些不走心的爆款文章和套路营销。这也恰恰证明了，青年人勇于正视自己的生活，一方面知道自己的困惑和焦虑需要有倾诉的出口，另一方面也知道，生活不能仅仅流于情感的宣泄，还需要更多的独立思考和解决问题的尝试。

在青年人群体中，流行着这样的一句话，叫"要做一个 nice 的人，也要做一个耐撕的人"。前者不难理解，无非是青年人自我勉励，要做到向上向善、积极乐观、与人交好。"仁者爱人""君子莫大乎与人为善"，这是中华传统文化中几千年流传下来的老理儿。

那么"耐撕"呢？除了与"nice"谐音之外，这个词更多地表达了青年人对现代生活的一种"向外探索"的态度：在竞争环境下，要尝试为自己争取，努力用实力证明自己，心怀"长风破浪会有时，直挂云帆济沧海"的斗志；在复杂世事中，要圆通但不圆滑，时刻恪守自己做人的原则和底线，葆有"不要人夸颜色好，只留清气满乾坤"的气节；在受挫遇阻时，应坐得住冷板凳、挑得起重担子，经受得住磨难与考验，充盈"千磨万击还坚劲，任尔东西南北风"的心性。

如果说"向外探索"，某种意义上决定了人生的宽度，那么要想有深度，青年人还得学会"向内生长"。在工作和生活中磨砺意志、修炼心态、充实自己，拿出实力和勇气面对即将到来的挑战。初入职场，那就多请教、多尝试，尽快适应工作需要，完成从学生到职业人的身份转变；刚进社会，那就在各种遗憾和惊喜中丰富自己的阅历、提升自己的专业技能，变得更加成熟稳重；信息时代，要想办法用好智能设备，让它们成为自己生活和工作的"青云梯"，而不是"绊脚石"；大城市"居不易"，就更得卖力学、用心做，让自己变成不可或缺的一分子。

面对人生新阶段的困惑与挑战，青年人要学会向外探索、向内生长，求得更辽阔宽广的发展空间，同时也更深地扎根于奋斗的泥土中。

（《人民日报》2018 年 9 月 11 日第 18 版）

莫让网上热点"烧"干思考"活水"

巨云鹏

朱熹的《观书有感》中有两句最出名："问渠那得清如许？为有源头活水来。"清新隽永，意蕴悠长，数百年来，勉励代代青年人求新知，求智慧。

活水汩汩，渠因而清；正如读书不绝、新知不断，人的思想跟着澄澈，生命也因此丰厚。读书时，每每有所收获和体会，都会感慨"源头活水"这比喻的妙趣。

可不知道从什么时候开始，一些年轻人"源头活水"的感觉少了。

几个朋友聊天，说起彼此工作后的生活习惯，有人总结：小屏一方，小床一张，追着热点，刷上一天，如此这般，赛过神仙。大家捧腹，但笑过之后，却又怅然若失，的确，生活好像一直在被网络"热点"带着跑。

热剧、"网红"、热搜、"神曲"……手机从早上拿起到夜里放下，微信朋友圈、微博、短视频、购物网站……挨个划过去，手机里的"高温"内容惹人挪不开眼。地铁上看，走路时刷，吃饭时也停不下来，躺在床上虽然头晕眼涩，可想想自己跟上了热度，没被时代抛弃，这一天也觉得值了。睡醒一觉再回首，除了昨天花钱买的"好物"显示已发货，其他的，什么也记不清。昨天看到的网络景观才刚降点温，拿起手机，新一天的热点已经迫不及待地冲到面前。

闲暇里，青年人最有机会去学习新知识、产生新思考，才最有可能像朱熹那样"观书有感",从而得以实现个人的全面发展。可当这有限的时间被网络热点塞满的时候,"源头活水"哪还有空间?

前不久发布的《中国互联网络发展状况统计报告》显示,截至今年6月,我国手机网民规模达 7.88 亿,移动互联网给人们主动获取资讯提供便利。同时我们也看到,不少互联网内容打扮成新知的模样,看上去有用、有料、有趣,涌现到人们的面前,期待着收获你的注意,收割你的时间,但热度过去,回头一想,或是空洞无物,或是千篇一律,或是无病呻吟,为的不过是利用你的好奇和情绪,完成传播轨迹,获取商业利益。而这一过程当中,作为用户的我们,有时看似是自己选择了创造和跟随热点,殊不知一直都是沿着互联网资本设计的方向走,为其添柴的同时,也在"烧"掉自己的时间,"烧"干学习思考的"活水"。

当然,有些热点之下,也有"冰山"存在。今年亚运会,中国男篮落后 16 分实现大逆转,最终夺冠,一时霸屏,在男篮的小伙子们身上,人们看到了球员们顽强拼搏的精神、为国争光的气势,看到了篮球界大胆尝试、锐意改革的成果。这样的热点,值得学习值得感悟,虽然它的热度也会过去,但我们可以相信,多年之后,仍然会有人说起这段故事。

移动互联网的世界里,人们获取信息的途径被大大拓宽了,但信息不代表知识,热度更不代表智慧,热点面前,一颗求真之心会给自己带来一份冷思考,"我看到的是什么样的内容?""我有必要知道这些信息吗?"警惕之中带些自省,只有如此,方能让自己的思维和智慧能够"半亩方塘一鉴开,天光云影共徘徊。"

不管热与不热,网络生活还是应以我为主,为我所用,永葆一颗思考之心,不被热度带着跑。毕竟,是生活中有了互联网,而不是互联网上有生活,而那些经过思考留下的智慧结晶,则会更好地滋润我们的生命。

(《人民日报》2018 年 9 月 18 日第 18 版)

"连点成线" 有惊喜

吴 月

　　按照数字顺序，连接一个个散落的小点，最后勾勒出一个完整的图形；在标号的小块里涂上相应的颜色，渲染出配色精巧的油画……很多人都玩过类似的游戏，即使没有绘画基础，一笔一笔按顺序连点成线，生动的形象也会跃然纸上。

　　回头看看，当初认为没有规律的点，其实都经过精心布局，一步步指向明确。

　　于是许多人心生感叹：要是生活也这么简单就好了！然而没有人能提前看到自己的结局，再重新来过。

　　年轻人的许多烦恼，其实都来自这种"失控感"——费尽心思规划人生，却往往在过程中落入"错"的"点"。明明想读热门专业，却被调剂到不感兴趣的学院，怎么办？想去自己喜欢的行业，找工作却连连被拒，怎么办？终于以为找到"铁饭碗"，却发现工作内容不适合自己，怎么办？……这些事，即使回头看是"茶壶里的风波"，而真正经历时，还是不免困惑。

　　其实，选择与结果的不确定性未必是坏事。看似偏离规划的"点"，等经历过去，连点成线，也许会看到别样的图景。

　　有的"点"看似是挫折、让人走了弯路，但过程中总会有收获。只要扛过去，困境的"点"并不可怕。歌手李宗盛在短片《每一步都算数》中回顾了自己的人生经历。回首曲折的经历，他说，"每一个努力过的脚印都是相连的，它一步一步带我到今天，成就今天的我"，感叹"人生没有白走的路，每一步都算数"。

有的"点"看似无用、浪费时间，但总会在生命的某处留下烙印，遵从内心的选择，无用的"点"也会闪光。苹果公司创始人乔布斯在斯坦福大学的一次演讲中回顾，青年时代，他从里德大学退学后，去学习了美术字的课程。上课时，他没预期这会有什么实际作用。然而多年后，当他设计电脑时，这些看似无用的所得就派上了用场，让人们可以在电脑中看到赏心悦目的字体。他说，大学时，还不可能把这些点点滴滴串联起来，但十年后回顾这一切，豁然开朗。

"却顾所来径，苍苍横翠微"，回首往事时，一步步脚印串成的路历历在目，让人欣慰。但真正走在路上、经历一个一个"点"时，往往是迷茫的——路到底通向哪里？我将走出怎样的人生？正如学者陈嘉映所说，"我该怎样生活"这个问题不只是人生道路之初的问题，还是贯穿人一生的问题。

那么，这个问题该如何解答？怎样对待面前一个个无规律的"点"？答案也许不在于选择，而在于践行。我们经历的每个点，终会在未来连成线。在一时看不到未来的时刻，能做的是走好当下，做好每一个点的积累。

因此，在拥有选择权的时候，不妨放下一些功利心，选你所爱，兴趣将带你走向最远处；而面对眼下的境遇不如意时，也不必过于难过。对青年人来说，与学什么专业、第一份工作是什么相比，更重要的是可迁移能力的培养。如同胡适对青年学生的寄语："天下没有白费的努力，成功不必在我，而功力必不唐捐。"

际遇交汇，回望眼，模模糊糊的影像会清楚，山重水复的疑虑会明晰。经过不懈追求与奋斗，谜底揭开的时刻，连点成线的画卷一定会给我们惊喜。

（《人民日报》2018 年 9 月 25 日第 19 版）

爱是成长的必修课

桂从路

社会生活中的一些场景，常常令人感动不已。女友患病 3 年不离不弃，病床前举办婚礼；洪水中坐在屋顶歇息的年轻人，原来一直在救助他人；车祸发生后血库吃紧，全城接力献血……爱是沟通人心的桥梁，一个动作、一个眼神足以温暖人心。

说到爱，每一个人都不陌生，但似乎又难以用语言表达。古往今来，我们给这个美好的词汇注入了许许多多的内涵。哲学家将爱视作"人类对整个世界的渴望"，心理学家定义爱为"人与人间抛弃恐惧、不再戒备的信赖关系"。在文学家笔下，我们能从父母的背影中理解什么是亲情，从"关关雎鸠，在河之洲"的吟唱中读懂一份倾慕。虽然"什么是爱"从来没有一个标准答案，但都包含了一项起码的内容，那就是一种关怀与给予，一种对他人真诚而无私的关心。

对爱的理解各不相同，但是对爱的追求却始终如一。早在 2000 多年前，儒家先贤就讲"仁者爱人""老吾老以及人之老，幼吾幼以及人之幼"，涵养一颗仁爱之心，这是君子的德行，也是中国传统理想社会的写照。刚刚过去的开学季，不出意料被各种开学致辞刷屏。高校校长的寄语，无疑是新生收获的第一笔财富，而在跋涉未来的行囊中，不少人都会把"学会爱"纳入其中。历史背景、时代条件早就发生了沧海桑田的巨变，但是"学会爱""追求爱"依然是师长们的谆谆教诲，成为年轻人成长的必修课。

心中有爱，方能遇见更好的自己。"没有爱就没有教育"，年轻人成长过程中，爱是最好的滋养，用爱浇灌，就能让责任意识、担当精神拔节生长。现实中，一些人信奉精致利己主义的处世哲学，将"学会爱"视作无用的心灵鸡汤；有的精于算计、衡量得失，面对选择时不是"听从内心"而是听从利益，这些功利心态往往会滋生焦虑、走入误区。有得有失、有风有雨，这是生活的常态，唯有心中始终深爱，才能经风历雨收获内心的平和，唯有对世界充满善意，才能懂得与其抱怨不如奋斗的道理。

心中有爱，方能走出开阔的人生。经由时间检验的爱，才能历久弥新。它不会因为生活的平淡而辜负了生机勃勃的生命，也不会因为道路的坎坷而迷失了内心的渴望。在这一点上，陆游可以说是充满爱的人。对爱情的追求，让他笔下的"伤心桥下春波绿，曾是惊鸿照影来"读来格外刻骨铭心；对田园风光的热爱，让他留下"山重水复疑无路，柳暗花明又一村"的千古名句；笃定对国家的热爱，一句"王师北定中原日，家祭无忘告乃翁"写尽慷慨激昂的报国热情。对他人、对自然、对国家的爱浸透一生，每每读到陆游的诗句，依然能够感受到穿越历史烟云的力量，给当代人以启迪。

心中有爱，方能成就大写的人。"为什么我的眼里常含泪水？因为我对这土地爱得深沉"，国土沦丧、民族危亡的关头，无数年轻人满怀对祖国的挚爱挺身而出，为民族独立甘洒热血。今天远离了战火，但甘于牺牲奉献的大爱依然延续。灾难来临时义无反顾的人民子弟兵，32年守卫孤岛无怨无悔的王继才，汽车失控后一把推开学生，自己却身负重伤的"最美女教师"……每一个凡人善举的背后，何尝不是人性的彰显、爱的力量。鲁迅说，我们从古以来，就有埋头苦干的人，有拼命硬干的人，有为民请命的人，有舍身求法的人。心中没有对事业的爱、对国家最真诚的爱，如何能够锻造出中国人的脊梁？

　　海伦·凯勒在黑暗中寻找光明，将一生献给了聋哑人事业，在《假如给我三天光明》中她曾这样写道："无论是在什么样的年代，爱和勇气都是我们生存的基础。"成长在当下的年轻人，也不妨做一个像她那样有爱的人，温暖着他人、改变着世界。

（《人民日报》2018 年 10 月 9 日第 19 版）

器成还须久为功

邝西曦

　　近日，故宫博物院的家具馆对外开放，许多参观者第一次欣赏到宫廷紫檀家具的绝美。紫檀虽美，但它"五年一年轮，千年孕一木"，成材实属不易。"十年树木，百年树人"，树木与树人往往类比，因为正像树木成材一样，年轻人成长也需要过程，只有经历了打磨和历练，才能积淀下精华。

　　但反观当下，不少现象不免有些违反常识。对"超速"的渴望正涌动成一股潮流。"我报名了翻译速成班，一个月就能拿下口译资格证""我加了个减肥群，10天极速变苗条""我刚买了明星快速养成手册，正在琢磨如何一夜成名"……急于工作，急于恋爱，急着看成效，似乎成为唯恐落后于时代节拍的"紧箍咒"。

　　其实，"神速"未必变成"神话"，拼搏进取的姿态固然可取，但如果心浮气躁占了上风，就难免落入急于求成的窠臼。

　　对"速度"的追求应鼓励，但对"速成"应怀有警惕之心。事物发展自有其规律，人才成长也有其过程，一旦超出科学的界限，所谓的速成只会营造"海市蜃楼"般的幻影。创业风口光景无限，但若缺乏优质产品，竞争过后只会留下一片狼藉；高薪职业令人羡慕，假如核心能力缺位，终非长久之策。有人向往钢琴演奏的古典优雅，可练习枯燥，每个指法要经过千百次重复方能形成记忆；有人向往芭蕾舞者的风度翩翩，可完美舞姿的背后隐藏着练功中数不胜数的伤痛。由此看来，所谓的"短期速成钢琴特长生"无非是商业招数，轻信这些并不会等来奇迹发生。

速成背后，是偷懒投机心态在作祟。从自身角度出发，心不能沉、气不能静，浮于表面不下苦功夫，想钻空子不坐"冷板凳"，都会导致自我管理缺失缺位，信心发生动摇。现代社会选择自然是更多样了，实现选择的资源也更为丰富，从这个角度讲，所谓"速成"有一定市场。但看树知人，但凡能速成的恐怕很难让你优势独具。目光游移、辗转腾挪倒不如一门深入、攀登高峰。

"十年法则"认为，每个领域的大师都需要10年左右的勤学苦练；"一万小时定律"指出，从平凡到超凡的跨越，需要经历一万个小时的稳扎稳打。著名小提琴家盛中国少年时被称为"天才琴童"，但"左手要长在琴上，右手的血脉要流入弓里"又需要怎样的艰苦付出？

器成还须久为功，卓越从来都不是速成的，持之以恒才是关键。季羡林先生曾描述他在北大种莲的经历，几颗莲子经过两年扎根池底的力量积蓄，终于在第三年"长出了几个圆圆的绿叶"，并在第四年"蔓延得遮蔽了半个池塘"，绽放出"红艳耀目的荷花"。

愿年轻人都能做一池"季荷"，生生不息，静待花开。

（《人民日报》2018 年 10 月 16 日第 18 版）

追梦的路一步步来

巨云鹏

假期回家探亲，家人中间又有了刚开始读小学的孩子，问他长大了做什么，他声音稚嫩，但气魄很大："长大我要当宇航员！"一如多少年前自己的小伙伴。

年少时谈梦想，也是这么豪迈，好像话说出口就能成真。仗着年岁长、辈分大，忍不住多啰唆了几句：想当宇航员，眼睛先保护好，手机游戏、电视动画就先戒了吧；小学数学、中学物理都得认真钻研，不然到了太空啥也不懂要抓瞎；另外，身体从小就得锻炼起来，饮食要控制糖分、控制脂肪，发福的话体测一定不达标……话还没说完，小朋友已经跑得没影了。

是啊，在孩子心里，梦想哪有这么复杂，刚迈进校园，先学习玩乐，梦想什么的，很多年以后再说，可少年时光溜走得快，一眨眼，曾经刚刚迈进校园的那批人，现在已经有了新的身份：应届生，踩在了社会的门槛上，年少时的梦，似乎到了该兑现的时候。

自我介绍的提纲拟了十几遍，仍觉不能体现自己的优秀；面试单位的概况看了又看，还是理不清他们发展的脉络；衣柜里的几件衣服来回换，就是不知道穿哪条裤子好……面试的每个细节都已经规划清楚，但看到微信上"明天就要面试，今晚还能做些什么？""做到了这十条，面试一定得高分"这样的标题，还是会忍不住点开……

读书近二十载，心中满是对未来的想象，即将从校园踏入职场，宇航员大概是没多少人能做了，还有的是想要一份好的薪水，或是一个喜爱的岗位，或是一股商场弄潮的豪情，或是满腔在家国历史中建功立业的热血，总之，每一个在招聘会上来回奔走的身影，都还是期待着能快点实现自己那个或大或小或遥远或具体的梦。

可追梦的路，艰辛常伴。我国高校毕业生人数近 10 年来一直保持增长，巨大的数字背后，是无数封投出去没有回音的简历，是无数场参与完没有结果的面试，当然，还有无数个不能立刻实现的梦想。行业、职位、地域、薪资……为什么拿到的 offer 总是有不如意的地方？为什么我喜欢的工作总是看不上我？每年求职季，各大社交媒体平台上，都会有青年学生们的困惑与苦恼。

其实，第一份工作固然重要，但绝不是对一个人的全面总结，更不是再不能变，而是一个重新的开始。拿到的工作机会，可能和自己所学的专业没什么关系，也可能和自己的预期差距很大，但这都不是问题，至少，还有考勤、绩效、差旅、社保……这些工作当中最基本的知识值得学习，在每件小事、每个细节处落脚，增长经验和能力，锻炼视野和眼光，等到有一天，当成为"宇航员"的机会出现在面前时，才不会因为"体力不支"而错过。

求职季，必然会有投不完的申请、改不尽的简历，城市间来回地奔走，深夜里难以入眠的忐忑，但不用怕，这些也是大多数人成长的必经之路，一颗心"扑通扑通"地狂跳多了，才能最终练就一颗"大心脏"，只要心中的梦想之火不灭，追梦的路，一步步地走过来，才最踏实。

（《人民日报》2018 年 11 月 13 日第 19 版）

"坐得住"方能"立得住"

吴储岐

苏联科学家尤比契夫一次接受媒体采访，摄影师给他拍照时，他开了句玩笑："要照相不应该照脸，而应该照臀部。"一句话惹得哄堂大笑，但细细思索，大科学家这句玩笑有弦外之音：像他那样的科学家，屁股"坐得住"是成功的关键。

做学问讲究坐冷板凳，历史学家韩儒林曾有一联，上联便是"板凳坐得十年冷"，另一位历史学家范文澜也说要有"坐冷板凳"的功夫，讲的都是做学问要耐得住寂寞、忍得了冷清、沉得下心境。司马迁历时 14 年，写成 52 万字的皇皇巨著《史记》；李时珍呕心沥血近 30 年，成就《本草纲目》；小麦育种专家王辉 40 余年与土地为伴，为了看到麦子的"神"，在田野里一待就是一整天……大凡大学问家，无不有超常的定力。学问的天地，无边无际，要行走在"无人区"和"高寒区"，才能真正有所得，靠的就是一往无前的大智大勇。

世事洞明皆学问，人行于世，做人做事也应如做学问。厨师没有精湛的刀功和对食材的深刻体悟，烹不出色、香、味、形俱全的美味佳肴。医生不钻研医术、广阅病例，难以救死扶伤，妙手回春。芭蕾舞者的双脚没有一次次猛烈地冲击地板，也断难在舞台上划出优美的弧线。无论做哪个行业，没有点钻研精神，没有股子痴迷劲儿，恐怕很难有高境界的职业体验。一句话，只有那些"坐得住"的人，才能最终"立得住"。

　　在有些浮躁的当下，重申这个道理确有必要。有不少人似乎对需要"孜孜以求"的事物缺乏耐心，总想着"一口吃成个胖子"。有一些具体的表现，学东西"三天打鱼，两天晒网"就不说了，还有一种人长着一颗"玻璃心"，稍遇困难、挫折便"鸣金收兵"，"咬咬牙坚持""攥攥拳顶住"这样的狠劲基本看不到；最关键的是没有内心的定力，别说"大器晚成"，就连"大器正常成"都等不了。

　　对于这些屁股"滚烫"的人来说，最合适的就是坐坐冷板凳了。"非不能也，实不为也。"人无法选择怎么生，但可以选择如何活，当一些人沉浸于各种"成功学""速成学"时，另一些人早已撸起袖子加油干；当一些人虚度光阴还在抱怨时运不济时，另一些人早已在"坐冷板凳"的修炼中"轻舟已过万重山"。

　　"路漫漫其修远兮，吾将上下而求索"，前路漫漫，不妨下点慢功夫，先谋"坐得住"，再取"立得住"，方能行得远。

　　　　　　　　　　　　　　（《人民日报》2018年11月20日第19版）

激活青春"动"能

易 舟

如今，一些年轻人似乎"懒"得运动：下班回到家窝在沙发里刷手机看综艺，或用游戏填充人生；手机里各式健身软件倒是不少，可就是懒得"打卡"……驰骋运动场本应是年轻人的常态，可打开记步软件，"百步青年"比比皆是，"宅"成为不少人打发时间的首要选择。一项对近2000名18—35岁青年的调查显示，50.7%的受访青年自认身体素质一般，27.4%的受访青年觉得自己处于亚健康状态，44.5%的受访青年表示自己每周锻炼不足3次。

健康是"1"，其他是"0"，没有了"1"，再多的"0"也毫无意义。梁实秋曾这样回忆自己补考游泳的经历："经常运动有助于健康，不，是健康之绝对的必需的条件。"锻炼身体不仅能带来充沛的体能，也能反映一个人的精气神。我们或许都有这样的经历：身体不适时往往容易脾气暴躁、心情低落，而在运动过后常觉得心情舒畅，精神状态更加饱满。著名美学家朱光潜认为，体格与心境的密切关系几乎是普遍的，"我常仔细观察我所接触的人物……我没有看见一个身体真正好的人为人不和善，处事不乐观；我也没有看见一个颓丧愁闷的人在身体方面没有丝毫缺陷。"

在工作学习之余抽出个把小时锻炼身体，不仅能释放压力、提振精神，还会提高工作效率。面对电脑哈欠连天，材料堆积如山却一筹莫展，此时不妨放下手头的工作，酣畅淋漓地流一场汗。就拿跑步来说，奔跑的过程中疲惫被带出身体，均匀的呼吸与协调的步伐也很适合自由思考。中国科学院院士施一公坦言，正是当年在清华园养成的良好锻炼习惯，才使得他在紧张的学术研究中能够保持旺盛的精力和健康的体魄。青年时期正是创造力活跃、大有可为的年纪，此时若身体羸弱、精力不济，"为祖国健康工作五十年"便也是空谈了。

除了保持健康，运动更是一种延迟满足的行为，通过克服惰性建立起自信和自律的习惯，达到精神和身体的自由。不难发现，每个坚持运动的人都有蓬勃的上进心，反映在工作和生活中便是自我管理的好手。在运动初期或许有一些不适，但从选择开始运动到突破身体极限，从继续坚持到享受运动带来的变化，和人生迎难而上后的"柳暗花明又一村"有异曲同工之妙。运动带给身体和心灵的双重砥砺，也赋予了生活一种体育的哲学："志之难也，不在胜人，在自胜。"

说到底，体育锻炼不仅关乎个人的生命质量，对国家和民族而言，则关乎未来发展和前途命运。马约翰曾这样告诉学生："要好好锻炼身体，要勇敢，不要怕……不要人家一推你，你就倒；别人一发狠，你就怕；别人一瞪眼，你就哆嗦。中国学生，在国外念书都是好样的，在体育方面也要不落人后。"

动静结合，方能行稳致远，愿更多年轻人激活青春动能，奋发蓬勃力量。

（《人民日报》2018 年 11 月 27 日第 19 版）

拥抱自己的"不完美"

魏 薇

又到年底了，忽然发现年初制订的种种计划，到现在几乎没有一项百分之百完成。反躬自省，完不成计划的原因有种种，如懒惰、突发意外、工作繁忙、能力不足等，但同时，有的时候也是因为完美主义作祟。比如我在年初曾经计划写一本小说，可惜因为写不出一个完美的开头，迟迟没有进展。

完美，无疑是人人都想追求的目标。可是，真正的完美，却往往是一个小概率事件。如果过度执着于完美而自缚手脚，就是走入了一个人生迷局。

著名的老牌科幻电影《千钧一发》曾讲述了在一个过度依赖基因评定的社会中，人们倾向于培育最优基因组合的后代，在如此的社会中，拥有完美基因的"优等人"的一生似乎在受精卵形成的一刹那就已经是被写好的剧本，一切都有条不紊地完美运行，绝对不会出现因为懒惰、遗忘甚至智商不够而造成的失误。然而，即便是拥有如此完美基因的人，人生的结局也并不让人羡慕。

英国作家毛姆曾经说过："完美有一个重大缺陷，它往往是无趣的。"更何况，完美从来没有统一的定义，今天的完美不一定是明天的完美，今天的某种理解，明天就有可能被颠覆。在模特行业，完美的长相和身材，无疑是竞争的最大优势。然而，不久前，一名患有白癜风疾病的模特却出人意料地登上了国际著名秀场——长相身材的不完美可以通过气质来弥补。一些条件并不完美的模特，因为在千篇一律的模特界独树一帜，反而更容易获得成功。

人生不会因为生来完美就事事顺风顺水，也不会因为生来不完美就此生无望。维纳斯并不因断臂而缺少一丝美丽，霍金也没有因为身体被禁锢在轮椅上就禁锢了他智慧的大脑。我们生活中有那么多并不完美的小人物，包括你我，也正是靠着不甘心、不放弃、不认输的勇气在创造着属于我们自己的别样精彩人生。

正是因为个体的种种不完美，在朝着完美的人生奋斗过程中，在品尝着命运带来的酸甜苦辣中，在踏破荆棘中展现出来的人性之光、力量、梦想，才让人欣赏和崇尚。若是一切都被设计好，就像电影《千钧一发》里的"优等人"一样，他们也就会因为丧失了梦想和奋斗的力量而黯然失色。

其实，那些不完美啊，就如同制订年初计划一样，若是一切都按照计划完美运行，没有突发、没有变化，既不符合常理，也并不一定是好事，或许还会因此错过更为重要的机遇。调整好姿态，拥抱自己的不完美，或许才能更好地激发斗志，走向更完美的人生。

（《人民日报》2018 年 12 月 4 日第 19 版）

志存高远　接续奋斗

姜　洁

习近平总书记在庆祝中国共产党成立 100 周年大会上指出："新时代的中国青年要以实现中华民族伟大复兴为己任，增强做中国人的志气、骨气、底气，不负时代，不负韶华，不负党和人民的殷切期望！"

青年兴则国家兴，青年强则国家强，青年一代有理想、有本领、有担当，国家就有前途，民族就有希望。作为新时代的青年，必须要树立远大理想，青年志存高远，就能激发奋进潜力，青春岁月就不会像无舵之舟漂泊不定。

新时代中国青年树立远大理想，首先要牢固树立对马克思主义的坚定信仰。"把准方向，坚定执着不迷失"，当是每一个青年人的坚守。心中有信仰，行事才有方向。如果没有信仰，人生观、世界观和价值观就会出现偏差。习近平总书记在纪念马克思诞辰 200 周年大会上强调："马克思主义始终是我们党和国家的指导思想，是我们认识世界、把握规律、追求真理、改造世界的强大思想武器。"中国共产党为什么能，中国特色社会主义为什么好，归根到底是马克思主义行。新时代中国青年只有树立了对马克思主义的信仰，才能自觉地运用马克思主义武装自己的头脑，自觉地运用马克思主义的立场、观点、方法去指导自己的工作、生活和学习，尽快成长为一名勇于担当民族复兴大任的时代新人。

新时代中国青年树立远大理想，应当牢固树立对中国特色社会主义的坚定信念。习近平总书记指出："走自己的路，是党的全部理论和实践立足点，更是党百年奋斗得出的历史结论。中国特色社会主义是党和人民历经千辛万苦、付出巨大代价取得的根本成就，是实现中华民族伟大复兴的正确道路。"历史证明，只有社会主义才能救中国，只有社会主义才能发展中国。当代中国青年必须树立对中国特色社会主义的信念，在中国特色社会主义伟大实践中不断地探索和总结，把中国发展进步的命运牢牢掌握在自己手中。

新时代中国青年树立远大理想，还要牢固树立对中华民族伟大复兴中国梦的坚定信心。从近代起，实现中华民族伟大复兴，就成为中国人民和中华民族最伟大的梦想。当前，我们比任何时候都接近实现中华民族伟大复兴的目标，在这关键时刻，应对重大挑战、抵御重大风险、克服重大阻力、解决重大矛盾，迫切需要广大青年迎难而上、挺身而出。无论过去、现在还是未来，中国青年始终是实现中华民族伟大复兴的先锋力量，这是青年的历史机遇，更是青年的使命担当。勇敢地担当起实现中华民族伟大复兴的时代责任，是时代新人应有的意识与素质，同时也是推动当今青年持续奋斗的精神源泉。新时代中国青年必须正确认识中国和世界发展大势、正确认识时代责任和历史使命、正确认识远大抱负和脚踏实地，在党和国家工作大局中找准自身的切入点和结合点，在实现中华民族伟大复兴中国梦的征程中更好实现人生价值、升华人生境界。

青年理想信念事关国家前途、民族命运，让崇高的理想信念光芒照耀新时代青年前行之路，新时代青年必将在新时代书写更加辉煌的篇章。

（《人民日报》2021年8月1日第5版）

记住英雄母亲的这封遗书

李昌禹

"我最亲爱的孩子啊！母亲不用千言万语来教育你，就用实行来教育你。在你长大成人之后，希望不要忘记你的母亲是为国而牺牲的！"这封催人泪下的家书，是抗日英雄赵一曼牺牲前写给年幼孩子的绝笔信。信中，一名母亲对孩子的深情，让读者无不动容。

不久前，我在国家大剧院参观为庆祝中国共产党成立 100 周年举办的"不忘来时路永远跟党走——讲述革命文物背后的故事"展览时，为我们做讲解的志愿者，也是一位母亲。诵读这封家书时，她眼里泛着泪光，饱含深情地说："同为一名母亲，我特别能体会赵一曼对孩子的眷恋与不舍。但是，在国破家亡、民族危难之际，这位至死不忘育儿之责的母亲，还是选择用生命兑现一名共产党员对国家、民族的铮铮誓言——她的遗书是写给年幼孩子的，更是写给中华民族的！"

能让赵一曼放下心心念念的孩子，忍痛舍弃母亲身份的，除了国家和民族，还能有谁呢？面对敌人的屠刀，赵一曼依然高呼"打倒日本帝国主义""中国共产党万岁"的口号。牺牲时，她年仅 31 岁，正值青春年华。

如今，中国共产党已历经百年芳华，新中国也已走过 70 多年的光辉历程。在中国共产党的坚强领导下，中华民族迎来了从站起来、富起来到强起来的伟大飞跃，人民过上了美好的小康生活，正阔步前行在实现中华民族伟大复兴的光辉道路上。今天重读这封书信，我们为足以告慰英雄的成就感到欣慰，同时也应永远牢记英雄母亲赵一曼深情炽热的话语："不要忘记你的母亲是为国而牺牲的！"——不要忘记那些为国牺牲的爱国者，不要忘记爱国主义传统，这是中华民族之所以能够历经磨难而生生不息、薪火相传，始终保持旺盛生命力的精神动力！

身处不同的年代，中国人的爱国心却总是相通的。对每一个中国人来说，爱国是本分，也是职责，是心之所系、情之所归。在中华民族绵延发展的历史长河中，爱国主义始终是激昂的主旋律，是中华民族团结奋斗、自强不息的精神纽带。从"僵卧孤村不自哀，尚思为国戍轮台""人生自古谁无死，留取丹心照汗青"，到"这是英雄的祖国，是我生长的地方""我和我的祖国，一刻也不能分割"，爱国主义精神被写入诗里，唱到歌里，烙进心里，成为中华民族的民族魂，激励着一代又一代中华儿女为祖国发展繁荣而不懈奋斗。

爱国是一种情感，更是一种行动。从深藏功名、无私奉献的老英雄张富清，到默默守岛32年、认定"家就是岛，岛就是国"的王继才；从在生命最后时刻依然牵挂着科研项目的黄大年，到守护边境50余载、在边境线10多万块石头上刻下"中国"两个字的布茹玛汗·毛勒朵；再到奋战在抗击新冠疫情一线的90后、00后，在决战决胜脱贫攻坚主战场上奔波忙碌的年轻驻村第一书记，在探月工程、探火工程中日夜攻关的青年科技工作者……正是因为有无数爱国人士的奋斗付出，中华民族伟大复兴的中国梦才离我们越来越近。

习近平总书记指出："对新时代中国青年来说，热爱祖国是立身之本、成才之基。"青年最富有朝气，最富有梦想，是未来的领导者和建设者。国家的前途，民族的命运，人民的幸福，是当代中国青年必须和必将承担的重任。在实现中华民族伟大复兴的征程中，期待每一位中国青年都能紧随祖国前进的脚步，经风雨、壮筋骨、长本领，以无数个为国为民的青春之"我"，成就永远的青春中国。

（《人民日报》2021年8月15日第5版）

担当起时代赋予的重任

杨　昊

在前不久结束的东京奥运会上，中国代表团 400 多名运动员平均年龄 25.4 岁，其中 90 后 300 余人，他们在赛场内外展示的自信、开放的精神气质令人振奋。不仅仅是体育赛场，在抗汛抢险、疫情防控、乡村振兴等"战场"上，越来越多的青年人挺身而出、担当奉献，把汗水挥洒在祖国大地上，是当之无愧的青年榜样。

青年是祖国的希望、时代的未来。一代代中国青年担当起时代赋予的重任，把青春奋斗融入党和人民事业，成为实现中华民族伟大复兴的重要力量。当代中国青年是与新时代同向同行、共同前进的一代，生逢盛世，肩负重任，既面临着难得的人生际遇，也肩负着继往开来的时代使命。在乡村振兴一线，青年干部埋头实干、助农增收；在科技创新前沿，青年科研工作者自立自强、攻坚克难；在世界技能大赛赛场，青年工人技能比武、匠心独运……广大青年把个人成长与国家发展、民族复兴联系起来，将"小我"融入"大我"，用实际行动证明新时代的中国青年是堪当大任的一代。

肩负起砥柱中流的使命与担当，需要坚定理想信念，心怀"国之大者"。青年理想远大、信念坚定，是一个国家、一个民族生机勃勃的前进动力。让青春在新时代的广阔天地中绽放，这是青年成长成才的必由之路，也是担负起时代责任的内在要求。四川农业大学农学院师生在布拖县马铃薯科技小院开展扶贫工作，在生产一线发现问题，把论文写在祖国大地上；37 岁的中科院长春光机所研究员田大鹏创新攻关航空成像关键技术，弥补我国航天成像领域技术设备和国外的差距，为实现科技自立自强贡献力量……将个人理想融入民族复兴伟大理想，做走在时代前列的奋进者、开拓者、奉献者，努力成为堪当民族复兴重任的时代新人，广大青年方能不辜负党的期望、人民期待、民族重托，不辜负我们这个伟大时代。

肩负起砥柱中流的使命与担当，需要不懈奋斗，拼搏向前。青年运动先驱恽代英有言："青年最要紧的精神，是要与命运奋斗。"当前面对各种风险和挑战，迫切需要迎难而上的拼搏精神和砥砺奋斗的决心。国家自然科学奖获奖成果完成人平均年龄 44.6 岁，超过 60% 的完成人为年龄不足 45 岁的青年科研人员；中国航天不断刷新创新高度，天和核心舱操控团队中，近 2/3 为 90 后……为实现中华民族伟大复兴的中国梦而奋斗，广大青年勇挑重担、勇克难关，在奋勇搏击中放飞青春梦想，在砥砺前行中激扬青春力量，这让中国特色社会主义充满活力、充满希望。

未来属于青年，希望寄予青年。习近平总书记指出，新时代的中国青年要以实现中华民族伟大复兴为己任，增强做中国人的志气、骨气、底气，不负时代，不负韶华，不负党和人民的殷切期望。在全面建设社会主义现代化国家的新征程上，广大青年要切实担当起时代赋予的重任，砥砺品质、增长本领，与祖国同频共振，在实现中华民族伟大复兴的实践中书写精彩人生。

（《人民日报》2021 年 8 月 29 日第 5 版）

"请党放心，强国有我！"

易舒冉

在东京残奥会的赛场上，有这样一群超越自我的中国健儿：90后女孩刘翠青因眼疾常年处于黑暗的世界，却能在田径赛场上奋力奔跑，第一个冲过终点；80后小伙冯攀峰右手持拍，左手转动轮椅，蝉联乒乓球男子单打冠军；31岁的游泳运动员郑涛失去双臂，但依然在泳池中劈波斩浪，连夺两金……这群年轻的中国健儿正视困难、刻苦训练，让五星红旗在赛场一次次升起，向人们展示了奋斗的人生没有什么不可能。

"奋斗是青春最亮丽的底色""民族复兴的使命要靠奋斗来实现，人生理想的风帆要靠奋斗来扬起""要励志，立鸿鹄志，做奋斗者"……习近平总书记多次深情寄语广大青年，勉励他们争做新时代奋斗者，以青春之我、奋斗之我为民族复兴铺路架桥，为祖国建设添砖加瓦。一代人有一代人的使命，站在"两个一百年"奋斗目标的历史交汇点上，奋斗是新时代青年成长成才的必然选择，也是国家和民族战胜困难、走向辉煌的必由之路。

奋斗需要在做好每一件小事、完成每一项任务、履行每一项职责中见真章。放眼神州大地，各行各业的青年正在把理想抱负熔铸于脚踏实地的奋斗，不驰于空想，不骛于虚声，在实干中实现人生价值。年轻驻村干部黄文秀白天跑到各个单位争取项目、申请资金，选址、修路、建立电商服务站，努力让村子富起来、美起来，晚上挨家挨户了解情况，谈心交心，帮乡亲们排忧解难；平均年龄只有30多岁的"嫦娥"团队、"北斗"团队、"奋斗者"号载人深潜团队不舍昼夜、潜心科研，突破一个又一个技术瓶颈，勇攀创新高峰；故宫博物院的年轻文物修复师杨玉洁静心学习、传承绝技，她通过清洗、配胶、粘接、打磨、补配等一系列烦琐工艺，恢复了文物往日的神采……一个个青春奋斗的故事，说明了一个朴实的道理：新时代的青年人立足本职岗位，脚踏实地加油干，才能在奋斗路上大展身手，写下无愧于时代的青春篇章。

奋斗的道路不会一帆风顺，遇到急难险重、打击挫折在所难免，青年人面对困难和压力时要有毫不畏惧、不断奋起的勇气，做经得起风雨的奋斗者。"我走了很远的路，吃了很多的苦，才将这份博士学位论文送到你的面前"，中国科学院大学工学博士黄国平在博士毕业论文中一句致谢的话，打动了很多人。1987年出生的黄国平经历了许多生活的艰难，但他却未被这些困难压倒，坚持求学奋斗，探索人工智能领域里的新天地。山再高，往上攀，总能登顶；路再长，走下去，定能到达。"既然选择了远方，便只顾风雨兼程"，只有经得起摔打、挫折、考验，才能成为奋斗路上的强者。

美好的梦想，要靠奋斗来实现；生命的辉煌，唯有奋斗才能铸就。青年一代肩负使命、砥砺奋斗，才能自信地喊出："请党放心，强国有我！"

（《人民日报》2021年10月24日第6版）

练就过硬本领　投身强国伟业

吴　月

　　前不久，我采访一位 90 后乡村教师，她告诉笔者，自己最近有些本领恐慌。原来，她在这个新学期里第一次担任班主任，很担心辜负了讲台下一张张充满期待的小脸，正忙着加快提高自己的能力水平。

　　这让我想到"人民教育家"于漪的经历。今年 92 岁的于漪也是从一名青年教师成长起来的。22 岁那年，于漪大学毕业，最初教历史，后来转岗教语文。起初于漪教的语文课并不成功，于是，她白天站在窗外，看其他老师如何上课；晚上从图书馆抱来参考书仔细琢磨，把该具备的知识、该了解的中外名家名著过了一遍。用了 3 年时间，就成为骨干教师。

　　成功的背后，永远是艰辛努力。从青年教师到教育家，需要下苦功夫，练真本领。事实上，不管从事何种职业，青年人都要经过勤学苦练，才能从稚嫩到成熟，最终有所成就。

　　习近平总书记指出，新时代中国青年要练就过硬本领。青年是苦练本领、增长才干的黄金时期。当今时代，知识更新不断加快，社会分工日益细化，新技术新模式新业态层出不穷。这既为青年施展才华、展露风采提供了广阔舞台，也对青年能力素质提出了新的更高要求。过硬的本领，是以真才实学服务人民、以创新创造贡献国家的基本前提。

　　练就过硬本领，需要广大青年朋友在学习中增长知识、锤炼品格。不久前，神舟十二号载人飞船返回舱在东风着陆场成功着陆，执行飞行任务的航天员聂海胜、刘伯明、汤洪波安全顺利出舱。当人们赞叹航天员们的壮举时，汤洪波的一句话引人思考："我体会最深的是，要想向上生长，先要向下扎根。"他 20 岁入选飞行员，35 岁入选航天员，经历了从难从严的训练，从技术、身体、心理等方面进行了全方位的准备，才能胜任飞天任务。正如汤洪波所言，高超的本领，源自潜心的学习。"学如弓弩，才如箭镞。"青年处于人生积累阶段，需要像海绵吸水一样汲取知识。要惜时如金、孜孜不倦，下一番心无旁骛、静谧自怡的功夫，又要突出主干、择其精要，努力做到又博又专、愈博愈专。

练就过硬本领，还需要广大青年在实践中增长才干。"刀在石上磨，人在事上练"，不经风雨、不见世面是难以成大器的。在抗汛抢险一线，无数年轻人不惧危险、冲锋在前，凝聚起风雨同舟的青春力量；在乡村振兴的道路上，越来越多的青年人担当奉献，把汗水挥洒在祖国大地上。他们在实践中经风雨、见世面，既锤炼自身的本领，也为国家和人民作出贡献。知者行之始，行者知之成。不论学习还是工作，都要面向实际、深入实践；都要严谨务实、苦干实干。

期待更多青年人脚踏实地、埋头苦干，在攀登知识高峰中追求卓越，在肩负时代重任时行胜于言，在真刀真枪的实干中成就一番事业。

（《人民日报》2021 年 11 月 21 日第 5 版）

在不懈奋斗中结出最丰硕的果实

邹　翔

前段时间，有这样一则新闻引人关注：一群平均年龄 20 岁的女兵，来到冰天雪地的青藏高原戍边。恶劣的自然环境，高强度的训练，不但没有压垮她们，反而磨炼了她们的意志与体魄。姑娘们用行动说明，"新时代的中国青年是好样的，是堪当大任的"。

国家的希望在青年，民族的未来在青年。我们党的百年历史中，一代代青年不懈拼搏奋斗，成就人生价值、实现光荣梦想。波澜壮阔的百年征程启示我们：只有把青春奋斗融入党和人民事业，才能让青春绽放更绚丽的光彩。

奋斗是青春最亮丽的底色，民族复兴的使命要靠奋斗来实现，人生理想的风帆要靠奋斗来扬起。从"外争国权，内惩国贼"的振臂高呼，到"抗日救国、救亡图存"的奋起抗争，再到"团结起来、振兴中华"的时代强音，始终听党话、跟党走的中国青年，积极投身党领导的革命、建设、改革伟大事业，谱写了一曲又一曲壮丽凯歌。每一代青年都有自己的际遇和机缘，都要在自己所处的时代条件下努力拼搏，绽放青春光彩，而接续奋斗是一以贯之的主题。

创新创造是点燃奋斗的火花。青年是社会上最富活力、最具创造性的群体，理应走在创新创造前列。粤港澳大湾区如火如荼的创新创业实践，少不了青年的参与；瞄准"卡脖子"难题，攻克关键核心技术，离不开青年敢为人先、勇于突破；实现我们的发展目标，克服前进道路上这样那样的风险挑战，更需要广大青年锲而不舍、驰而不息的奋斗。从80后、90后成为托举"嫦娥"的中坚力量，到"中国天眼"工程运行团队的平均年龄只有30岁，再到"奋斗者"号载人深潜团队年龄最小的成员出生于1995年，在创新报国的新征程上，广大青年必将大有可为，也必将大有作为。

服务人民是奋斗的方向。在实验室日夜攻关，在救治一线与死神赛跑，在社区乡村筑牢疫情防线……抗击新冠疫情、保障人民生命安全，处处都有年轻的身影。每到毕业季，越来越多高校毕业生选择背上满满的行囊，奔赴远方、扎根基层，立志同人民一道拼搏、同祖国一道前进。到基层和人民中去建功立业，每个就业岗位的选择都是对人民立场的诠释，都是个人理想与家国情怀的同频共振。在为人民服务中茁壮成长，让青春在党和人民最需要的地方绽放绚丽之花，在不懈的奋斗中结出最丰硕的果实。

"志不求易者成，事不避难者进。"前进的道路从不会一帆风顺，新时代中国青年正处在中华民族伟大复兴的关键时期，把青春奋斗融入党和人民事业，增强做中国人的志气、骨气、底气，不负时代，不负韶华，不负党和人民的殷切期望，中国青年一定能谱写更加壮美的青春华章。

（《人民日报》2021年12月26日第6版）

锤炼品德修为　涵养高尚情操

孟祥夫

习近平总书记指出："要锤炼品德，自觉树立和践行社会主义核心价值观，自觉用中华优秀传统文化、革命文化、社会主义先进文化培根铸魂、启智润心，加强道德修养，明辨是非曲直，增强自我定力，矢志追求更有高度、更有境界、更有品位的人生。"

锤炼品德，就要明辨是非曲直。青年要有理性、正确的认识，不能人云亦云、盲目跟风；面对外部诱惑，要保持定力、严守规矩，用勤劳的双手和诚实的劳动创造美好生活，拒绝投机取巧、远离自作聪明。古人云："静以修身，俭以养德。"广大青年要学会涵养静气、独立思考，时刻耳聪目明，做到行稳致远。

锤炼品德，就要常怀感恩之心。青年要有饮水思源、懂得回报的感恩之心，常思"今天幸福的生活从哪里来"。让人欣慰的是，不少青年以实际行动回馈社会、服务人民。"我自己也想像他们一样，照亮哪怕其他一个人也好""我们所得到的一切，应该有相应的德行去支撑"……最近，一名清华大学学生的文章令人感动。这位来自贫困家庭的学生"穷且益坚，不坠青云之志"，靠着勤俭节约和爱心人士的资助读完本科。从研一开始，他每学期拿出 3200 元，资助 4 名希望小学的孩子，并常去看望他们，讲述外面的世界。"因为淋过雨，也想为别人撑伞！""看哭了，多么纯粹的人！"不少网友深受感动，表示要做修身有为、做有德行的人。

眼下，在遥远的边防哨所，在援疆援藏的队伍中，在乡村振兴一线，都活跃着不少青年的身影，他们辛勤付出、默默奉献，守护、温暖着他人，让爱在全社会传递、流淌。

锤炼品德，就要永葆奋斗精神。大道至简，实干为要；创业维艰，奋斗以成。幸福都是奋斗出来的，广大青年要在奋斗中摸爬滚打，通过不懈奋斗实现人生理想和价值。"樵夫"廖俊波以"背着石头上山也要干"的精神埋头苦干、只争朝夕，为百姓打拼到生命最后一刻；征战第三十二届夏季奥运会的中国运动健儿奋力拼搏、用尽全力，鲜艳的五星红旗在赛场上一次次升起……"青年最要紧的精神，是要与命运奋斗"。高扬奋斗风帆，焕发昂扬斗志，中华民族伟大复兴的中国梦，必将在一代代青年的接力奋斗中实现。

走好漫漫人生路，广大青年要不断锤炼品德修为，涵养高尚情操，树立远大理想，书写人生华章。

（《人民日报》2022 年 1 月 16 日第 5 版）

坚定志向　不懈奋斗

沈童睿

北京 2022 年冬奥会已落下帷幕，冰雪健儿追逐梦想、不懈拼搏的故事仍让人记忆犹新、倍受鼓舞：自由式滑雪空中技巧运动员徐梦桃，出战 4 届冬奥会，终于获得了梦寐以求的金牌；单板滑雪小将苏翊鸣，一直渴望在"家门口"的冬奥会取得佳绩，常常每天训练七八个小时，最终收获了一枚宝贵的金牌……每个辉煌战绩的背后，都藏着一个坚定不移的志向，一段坚持不懈的奋斗。

翻阅历史长卷，惊天动地的大事业中，都活跃着一批心系国家民族的青年：中共一大代表平均年龄仅 28 岁，他们推动了中国共产党诞生这一开天辟地的大事；20 世纪五六十年代，一群来自大城市的青年来到金银滩，隐姓埋名、一铲一锹，参与书写了惊天动地的"两弹"传奇……支持他们克服恶劣条件、成就光辉事业的，无疑是坚定远大的志向。

一个人可以有很多志向，但人生最重要的志向应该同祖国和人民联系在一起。如今，我们正昂首阔步走在新的伟大征程上，乡村振兴、创新创业、科研攻关……无数舞台正等待广大青年一试身手。青年人更应该结合自身兴趣与所学知识，到祖国和人民最需要的地方实现人生价值。只有把小我融入祖国的大我、人民的大我之中，与时代同步伐、与人民共命运，才能让青春绽放更亮丽的色彩。

有些青年人不是没有目标，只是改变得太快。学语言、考证书……

开年时有许多想法，到年末发现真正坚持下来的却寥寥无几。有人说，看到目标不可实现，就应该早些转换方向，避免浪费时间和精力。可是，一些人只是在略作尝试、稍遇挫折之后，就轻率地断言"我做不到"。事实上，奋斗不仅要靠激情支撑，更要靠汗水浇灌。克服奋斗路上的困难，不仅要有敢闯敢干的勇气、开拓进取的品格，更要有恒久的坚持、踏实的付出。贵州大学 2019 级博士研究生张建参加学校"博士村长"计划，挑灯夜战、通宵实验，终于研究出成熟的茶树病虫害绿色防控技术，以实际行动助力科技兴农；西南石油大学 2019 级本科生刘宸，响应祖国召唤参军入伍，在"国际军事比赛—2019"中获得 3 枚金牌，优异成绩的背后是他在高强度训练中的咬牙坚持……正是这些平凡英雄的拼搏奋斗，汇聚成新时代中国昂扬奋进的洪流。青年人尤其要做追梦路上的奋进者、开拓者、搏击者，让青春在服务人民、奉献祖国的激情奋斗中绽放光芒。

日月不肯迟，四时相催迫。时间是不等人的，过一年，便要进一步。习近平主席在二〇二二年新年贺词中强调："我们唯有踔厉奋发、笃行不怠，方能不负历史、不负时代、不负人民。"青年作为最有朝气、生命力和创造力的群体，应当坚定志向、奋楫扬帆，把个人理想追求融入党和国家事业之中，为新的历史伟业贡献青春力量。

（《人民日报》2022 年 2 月 27 日第 5 版）

脚踏实地　成就梦想

姜　洁

　　"新时代是追梦者的时代，也是广大青少年成就梦想的时代。希望你们心系祖国，志存高远，脚踏实地，在奋斗中创造精彩人生，为祖国和人民贡献青春和力量。"日前，习近平总书记给中国单板滑雪运动员苏翊鸣回信，向他和中国冰雪健儿在冬奥赛场取得的优异成绩表示祝贺，并对大家提出殷切期望。习近平总书记的回信，在中国冰雪健儿以及广大青年中引发热烈反响。

　　志存高远、脚踏实地，是青年成长成才的正道。在树立远大理想的同时，只有脚踏实地、稳扎稳打，一步一个脚印地努力奋斗，才能最终成就自己的梦想。

　　脚踏实地、成就梦想，首先需要打好基础、增长才干。短绠难汲深井之水，浅水难负载重之舟。任何人都不可能轻轻松松地成才，要想干成一番事业，必须积极主动学习新知识新思想，练就过硬本领。当今时代日新月异，知识更新不断加快，社会分工日益细化，新技术新模式新业态层出不穷。新时代青年正处于学习的黄金时期，应该把学习作为首要任务，作为一种责任、一种精神追求、一种生活方式，树立梦想从学习开始、事业靠本领成就的观念，让勤奋学习成为青春远航的动力，让增长本领成为青春搏击的能量。

　　脚踏实地、成就梦想，还要不惧困难、顽强拼搏。"人才自古要养成，放使干霄战风雨"。人生的道路上不可能一帆风顺，年轻人很容易因受到挫折而气馁，但绝不能因此一蹶不振、自暴自弃。在北京冬奥会上斩获 2 金 1 银的谷爱凌曾经训练摔倒造成脑震荡，"记不起任何东西"，还曾右手粉碎性骨折、大拇指韧带撕裂，但仍坚持带伤参加比赛；苏翊鸣年仅 18 岁，多次骨折，但一次次受伤从未动摇他继续训练的决心；28 岁的短道速滑运动员武大靖因常年训练脚上满是伤疤、老茧，骨头也变形了，他说"我有一双很丑的脚"，但网友说他是中国最帅的奥运冠军……中国冰雪健儿们的事迹告诉我们，面对挫折困难，要始终坚守希望、不惧挫折、迎难而上、坚持到底，才能获得成功，笑到最后。

脚踏实地、成就梦想，还应久久为功、接续奋斗。行百里者半九十。人类的美好理想，都不可能唾手可得，都离不开手胼足胝、焚膏继晷的艰苦奋斗。我们的国家，我们的民族，从积贫积弱一步一步走到今天的发展繁荣，靠的就是一代又一代人的顽强拼搏，靠的就是中华民族自强不息的奋斗精神。以我国冰雪运动为例，从 1980 年第一次参加冬奥会无一人获得奖牌，到 2022 年北京冬奥会取得 9 枚金牌，这是一代又一代中国冰雪人久久为功、接续奋斗的结果。实现中华民族伟大复兴中国梦，需要广大青年锲而不舍、驰而不息的奋斗。

一代青年有一代青年的历史际遇。新时代中国青年要勇做走在时代前列的奋进者、开拓者、奉献者，毫不畏惧面对一切艰难险阻，在劈波斩浪中开拓前进，在披荆斩棘中开辟天地，在攻坚克难中创造业绩，用青春和汗水创造精彩人生，书写新的奇迹！

（《人民日报》2022 年 3 月 20 日第 5 版）

勇于到艰苦环境和基层一线
去担苦、担难、担重、担险

陈　缮

习近平总书记在庆祝中国共产主义青年团成立 100 周年大会上指出：
"要培养担当实干的工作作风，不尚虚谈、多务实功，勇于到艰苦环境和
基层一线去担苦、担难、担重、担险，老老实实做人，踏踏实实干事。"
牢记习近平总书记殷殷嘱托，广大青年要把自己的小我融入祖国的大我、
人民的大我，志存高远、脚踏实地，在青春旅途中磨砺成长，在各行各
业以实干创造新业绩。

青年坚守信仰、坚定信念，才能筑牢实干的思想之基。回望百年风
云岁月，一代代青年正是因为怀揣着理想与希望，才能坚定不移地披荆
斩棘、奋勇前行。在革命、建设、改革各个历史时期，各条战线上的优
秀青年不怕牺牲、浴血奋斗，勇立潮头、敢闯敢干，用实际行动奏响青
春之歌。对新时代中国青年来说，热爱祖国是立身之本、成才之基。只
有深怀爱国之心，砥砺报国之志，青年方能始终坚守干事创业的拳拳之
心、坚定拼搏奋斗的理想信念，不偏离、不动摇。

青年向下扎根、久久为功，才能练就实干的过硬本领。2020 年度国
家科学技术奖获奖项目平均研究时间是 11.9 年，其中研究时间 10—15
年的项目占比 38.9%。推动时代发展的科研成果背后往往是十几年如一
日的坚守，这意味着科研工作者要甘坐"冷板凳"，摒弃急功近利、浮躁

浮夸的不良情绪，甘于默默无闻、无私奉献。当代青年要想做出一番事业，就必须沉下心来、打好基础，在一线实践中经受磨砺，才能厚积薄发、练就一身过硬本领，早日成长为合格的社会主义建设者。

青年勇于探索、锐意创新，才能获得实干的丰硕成果。没有"创新"的"实干"是墨守成规、故步自封，没有"实干"的"创新"是无源之水、无本之木。新时代是在奋斗中成就伟业、造就人才的时代，中华大地正在成为各类人才大有可为、大有作为的热土。"青年是常为新的，最具创新热情，最具创新动力。"广大青年只有在各行各业"上下求索"，敢于探索创新、勇闯无人区，才能在实干中创造新的奇迹，面向未来、再立新功。

新时代的中国青年，生逢其时、重任在肩，施展才干的舞台无比广阔，实现梦想的前景无比光明。牢记习近平总书记的殷殷嘱托，爱国爱民、锤炼品德、勇于创新、实学实干，新时代的中国青年就一定能挑大梁、当主角，在真刀真枪的实干中成就一番事业，用青春的能动力和创造力激荡起民族复兴的澎湃春潮，用青春的智慧和汗水打拼出一个更加美好的中国！

（《人民日报》2022 年 5 月 29 日第 5 版）

做理想远大、信念坚定的模范

姜　洁

　　在庆祝中国共产主义青年团成立 100 周年大会上，习近平总书记要求："新时代的广大共青团员，要做理想远大、信念坚定的模范，带头学习马克思主义理论，树立共产主义远大理想和中国特色社会主义共同理想，自觉践行社会主义核心价值观，大力弘扬爱国主义精神。"

　　火热的青春，需要坚定的理想信念。信仰是精神支柱和力量源泉。只有理想信念坚定的人，才能不畏风雨，不畏艰险，为实现既定目标而不懈奋斗。马克思主义信仰、共产主义远大理想、中国特色社会主义共同理想，是中国共产党人的精神支柱和政治灵魂，也是保持党的团结统一的思想基础。新时代的中国青年，更加自信自强、富于思辨精神，同时也面临各种社会思潮的现实影响，更加需要深入细致的教育和引导。要从青年特点出发，帮助青年早立志、立大志，从内心深处厚植对党的信赖、对中国特色社会主义的信心、对马克思主义的信仰。

　　新时代中国青年要强化理论武装，带头学习马克思主义理论，树立共产主义远大理想和中国特色社会主义共同理想。坚定的理想信念，必须建立在对马克思主义的深刻理解之上。中国共产党自成立以来，就鲜明地把马克思主义写在自己的旗帜上，作为我们党掌握认识世界进而改造世界的锐利思想武器，并毫不动摇地坚持和发展马克思主义，把马克思主义基本原理同中国具体实际相结合、同中华优秀传统文化相结合，从而使我们伟大的党栉风沐雨而依旧风华正茂，事业常青。新时代中国青年要把党的创新理论武装作为铸魂之本，掌握其中的马克思主义立场、观点、方法，不断加强主观世界改造。

新时代中国青年要自觉树立和践行社会主义核心价值观，带头倡导良好社会风气。青年的价值取向决定了未来整个社会的价值取向，而青年又处在价值观形成和确立的时期，抓好这一时期的价值观养成十分重要。习近平总书记形象地比喻，"人生的扣子从一开始就要扣好"。要结合弘扬和践行社会主义核心价值观，在广大青少年中开展深入、持久、生动的爱国主义宣传教育，让爱国主义精神在广大青少年中牢牢扎根，让广大青少年培养爱国之情、砥砺强国之志、实践报国之行。

青春孕育无限希望，青年创造美好明天。新时代的中国青年，生逢其时、重任在肩，施展才干的舞台无比广阔，实现梦想的前景无比光明。广大青年要牢记习近平总书记的殷殷嘱托，在思想洗礼、在实践锻造中不断增强做中国人的志气、骨气、底气，让革命薪火代代相传！

（《人民日报》2022 年 6 月 12 日第 5 版）

做刻苦学习、锐意创新的模范

杨 昊

  在庆祝中国共产主义青年团成立 100 周年大会上，习近平总书记对新时代的广大共青团员提出要求："要做刻苦学习、锐意创新的模范，带头立足岗位、苦练本领、创先争优，努力成为行业骨干、青年先锋。"理想信念在创业奋斗中升华，青春在创新创造中闪光，广大青年唯有勤学苦练、增长才干，将人生追求同国家发展进步紧密结合起来，在报效国家、服务人民中展现风采、实现价值，才能不负青春、不负时代。

  广大青年要刻苦学习、夯实基础，在学习中增长知识、锤炼品格。"学如弓弩，才如箭镞。"青年人正处于学习的黄金时期，要把学习作为首要任务，树立梦想从学习开始、事业靠本领成就的观念。习近平总书记曾以自己年轻时在农村插队的经历，激励广大青年求真学问、练真本领。他说："上山放羊，我揣着书，把羊拴到山坡上，就开始看书。锄地到田头，开始休息一会儿时，我就拿出新华字典记一个字的多种含义，一点一滴积累。我并不觉得农村 7 年时光被荒废了，很多知识的基础是那时候打下来的。"广大青年要珍惜青春年华，在学习阶段把基础打牢，长本事、长才干，努力成为可堪大用、能担重任的栋梁之才。

  广大青年要立足岗位、苦练本领，始终保持肯吃苦、能吃苦的奋斗姿态。行胜于言，事成于实。不久前，神舟十四号成功发射，乘组 3 人均为 75 后，均为我国第二批航天员，他们也是我国执行载人飞行任务以来平均年龄最年轻的乘组。"我们有充分的准备、火热的激情、十足的信心。"通往太空的天梯从来没有捷径，航天员的底气来源于日复一日的付出：进行超重耐力适应性训练时，陈冬感觉脏器都临时"位移"，但仍咬牙坚持；刘洋经过成百上千次的重复操作，默画出无数张座舱、仪表图、线路图，闭上眼睛都知道按钮的位置、形状、颜色，并能准确无误地操作；蔡旭哲完成了体质、心理、航天专业技术等上百科目的训练，每个科目都是生理和心理的极限挑战……他们不畏艰难险阻，勇担时代使命，在真刀真枪的实干中成就了一番事业。新时代青年要做到不贪图安逸、不惧怕困难，在经风雨中磨砺意志品质，在担险担难中磨砺本领才干，肯吃苦、能吃苦，让青春在祖国和人民最需要的地方绽放。

广大青年要锐意创新、敢为人先，在攻坚克难中创造业绩。勇于创新，就要深刻理解把握时代潮流和国家需要，以"敢为天下先"的魄力开拓进取，走出一条新路。如今，更多青年以聪明才智贡献国家、服务人民，奋力走在创新创业创优的前列：在"天宫""蛟龙""天眼""悟空""墨子""天问""嫦娥"等重大科技攻关任务中，一批青年科技人才担重任、挑大梁，北斗卫星团队核心人员平均年龄36岁，量子科学团队平均年龄35岁，"中国天眼"研发团队平均年龄仅30岁；在工程技术创新一线，每年超过300万名理工科高校毕业生走出校门，为中国工程师队伍提供源源不断的有生力量……新时代中国青年要敢于做先锋，而不做过客、当看客，让创新成为青春远航的动力，让创业成为青春搏击的能量。

（《人民日报》2022年6月26日第5版）

做敢于斗争、善于斗争的模范

李昌禹

在庆祝中国共产主义青年团成立 100 周年大会上，习近平总书记对当代青年寄予殷切期望，要求新时代的广大共青团员"做敢于斗争、善于斗争的模范，带头迎难而上、攻坚克难，做到不信邪、不怕鬼、骨头硬"。当前，世界正经历百年未有之大变局，我国正处于实现中华民族伟大复兴关键时期，前行的道路上充满风险挑战乃至惊涛骇浪，尤其需要广大青年特别是共青团员肩负起历史使命，发扬斗争精神、锻造斗争本领，在大战大考中勇挑重担、积极作为。

敢于斗争、善于斗争，是传承红色基因的重要内容。五四运动以来，广大青年每一个追求进步的步伐，都离不开斗争精神。百年前，旧中国山河破碎的悲惨局面激发了进步青年救亡图存、投身革命的斗争激情。他们用不屈不挠的斗争，换来了民族独立、人民解放。此后，一代代年轻人以国家富强、人民幸福为己任，投入不同时期的伟大斗争，谱写了一曲曲激昂的青春乐章。新时代青年有责任接过先辈的旗帜，将斗争精神发扬光大，不断提升斗争本领，在实现中华民族伟大复兴的征程中放飞青春梦想。

敢于斗争、善于斗争，更是时代主题、现实发展的必然要求，是新时代青年必须扛在肩上的历史使命。进入新时代，党和国家事业取得历史性成就、发生历史性变革。然而，实现中华民族伟大复兴的前进道路上，还有许多"雪山""草地"需要跨越，还有许多"娄山关""腊子口"

需要征服。这就要求青年一代必须肩负起历史使命，练就一身过硬的斗争本领，来迎接具有新的历史特点的伟大斗争。

斗争需要勇气，须走出"舒适圈"，敢于直面困难、攻坚克难。毛泽东同志曾说，"什么叫工作，工作就是斗争。那些地方有困难、有问题，需要我们去解决。我们是为着解决困难去工作、去斗争的。越是困难的地方越是要去，这才是好同志。""工作就是斗争"的态度，体现的是敢于攻坚克难的勇气。面对艰难险阻，广大青年要有主动投身到各种斗争中去的冲劲，在大是大非面前敢于亮剑，在矛盾冲突面前敢于迎难而上，在危机困难面前敢于挺身而出，在歪风邪气面前敢于坚决斗争。

斗争也是一门艺术，要善于斗争，掌握规律，在实践中不断提高斗争本领。"善战者，求之于势"，对大局和大势的准确把握，历来是赢得斗争的先决条件。广大青年应胸怀"国之大者"，坚定人民立场，加强理论学习，从历史长河、时代大潮、全球风云中研究分析斗争规律，在严格的思想淬炼、政治历练、实践锻炼中磨炼斗争本领。只有在复杂严峻的斗争中经风雨、见世面、壮筋骨，才能淬炼出不信邪、不怕鬼、骨头硬的精神品质。

实现伟大梦想，必须进行伟大斗争。让人欣慰的是，在新时代的一场场伟大斗争中，从来不乏年轻人的身影。在脱贫攻坚的战场，在抗击疫情的前线，在逐梦星辰大海的航途，到处都挥洒着年轻人战天斗地的火热激情。他们在伟大斗争中勇挑重担、勇克难关、勇斗风险，让新时代中国特色社会主义事业充满活力、充满后劲、充满希望。

斗罢艰险，今又出发。年轻一代是民族的希望、国家的未来，自当肩负起民族复兴的历史使命，保持初生牛犊不怕虎、越是艰险越向前的刚健勇毅，练就一身过硬的斗争本领，来迎接新时代的伟大斗争，不断夺取新的更大胜利！

（《人民日报》2022年7月10日第5版）

做艰苦奋斗、无私奉献的模范

易舒冉

"青年之文明，奋斗之文明也，与境遇奋斗，与时代奋斗，与经验奋斗。"

"不能光为自己而活，要用自己的力量为他人、为国家、为民族、为社会做出贡献。"

"2003 年非典的时候你们保护了我们，今天轮到我们来保护你们了。"

…………

这是几句跨越时空的青春告白，虽然内容、表达各有特点，却都有一股顽强奋斗、艰苦奋斗、不懈奋斗的力量直抵心灵。风雨百年，"奋斗"成为一代代青年的人生座右铭。在革命、建设、改革各个时期，广大中国青年始终保持艰苦奋斗的前进姿态，克服了一个又一个困难，创造了一个又一个奇迹。

在庆祝中国共产主义青年团成立 100 周年大会上，习近平总书记勉励青年人"要做艰苦奋斗、无私奉献的模范，带头站稳人民立场，脚踏实地、求真务实，吃苦在前、享受在后，甘于做一颗永不生锈的螺丝钉"。当前，我国正处于实现中华民族伟大复兴的关键时期，每个青年都应该珍惜这个难得的人生际遇，用奋斗书写青春、用奉献实现价值，勇做走在时代前列的奋进者、开拓者、奉献者。

艰苦奋斗，要有不怕困难、攻坚克难的锐气和斗志。奋斗的道路不会一帆风顺，往往荆棘丛生、充满坎坷。志不求易者成，事不避难者进。青年人勇于到条件艰苦的基层、国家建设的一线、项目攻关的前沿去经受锻炼、增长才干，才能成就一番事业。参与港珠澳大桥建设的青年突击队，坚守荒岛 7 年，啃下沉管预制、最终接头等"硬骨头"；以年轻人为主体的中国海油"深海一号"开发生产团队扎根"深海"，不断攻克行业技术难题；硕士研究生黄文秀毕业后主动请缨到贫困村担任驻村第一书记，克服种种困难，带领乡亲脱贫致富，为脱贫事业献出了自己的生命……勇于担苦、担难、担重、担险的青年榜样还有很多，他们脚踏实地、苦干实干，用奋斗浇灌梦想，交出了一份份无愧于祖国、无愧于人民、无愧于时代的答卷。

无私奉献，要有坚毅执着、淡泊名利的定力和境界。立志将"小我"融入"大我"，与时代同步伐、与祖国共命运。一滴水洒在地上很快就会蒸发，一滴水融入大海将永不干涸。服务人民、奉献祖国，是当代中国青年的正确方向。近年来，中宣部、人社部联合表彰"最美基层高校毕业生"，其中不少人主动到祖国最需要的地方奉献青春。"欠发达地区基层医疗条件是弱项，我要用所学所长守护群众生命健康。"大学毕业后，雍朝斌到基层医院从事护理工作；脱贫攻坚时，她申请到偏远山村任驻村第一书记；疫情发生后，她又请战赶赴武汉方舱医院。在自己最美好的青春年华，陶建刚毕业后选择来到大山深处的陕西照金北梁红军小学支教，无论条件多么艰苦，他从未退缩。国家的希望在青年，民族的未来在青年。新时代广大青年唯有把对祖国、对人民的情感贯穿在学业全过程、融汇在事业追求中，才能担负起时代重任，跑好自己这一棒。

奋斗本身就是艰辛的，奉献自然也不能追求"立竿见影"的短期效应。艰难困苦、玉汝于成，立场坚定、行稳致远。我们要勇于在艰苦奋斗中磨砺意志、坚定信念。风物长宜放眼量，伟大事业往往需要几代人、十几代人、几十代人持续奋斗，新时代青年要甘于坚守平凡岗位，争做艰苦奋斗、无私奉献的模范，让成长成才之路越走越扎实，越走越宽广。

（《人民日报》2022 年 8 月 21 日第 5 版）

做崇德向善、严守纪律的模范

李卓尔

日前，共青团中央公布了2022年"全国向上向善好青年"名单。入选的好青年中，有的是长期扎根基层的一线员工，有的是致力于高精尖产业科学研究的技术带头人，有的是为搜救被困群众壮烈牺牲的消防战士……他们的故事动人心弦、感人至深，成为新时代广大青少年学习的榜样，激荡起奋发向上、崇德向善的青春热潮。

在庆祝中国共产主义青年团成立100周年大会上，习近平总书记勉励广大共青团员"做崇德向善、严守纪律的模范，带头明大德、守公德、严私德，严格遵纪守法，严格履行团员义务"。广大青年是否崇德向善，不仅关乎人生道路能否走得正、走得远，更关乎整个社会是否风清气正、朝气蓬勃。青年在成长成才的过程中，树立正确的价值观、严守纪律准则至关重要。

明大德，铸牢理想信念。坚定的信念，令青春的脚步铿锵执着。当面对生活的压力、现实与理想的落差，是只关心一己得失，还是在更广阔的天地书写精彩的人生？扎根乡村9年、无悔奉献的85后驻村第一书记谭翊泉，帮助30余名残障人士就业的特殊教育学校教师贾君婷仙，在新疆阿勒泰为河狸修巢穴、建"食堂"的90后女孩初雯雯……这些年轻人用行动给出了答案、作出了表率。青年有信仰，民族有力量，国家才有希望。心怀大德，才能在大是大非面前头脑清醒、立场坚定，在大风大浪面前挺直腰杆、站稳脚跟，在大战大考面前挺身而出、冲锋在前。

守公德，强化宗旨意识。青年是党和人民事业发展的生力军。崇尚造福人民的公德，才能以人民为中心、以天下为己任。看几组数据：截至 2021 年，47 万名"三支一扶"人员参加基层支教、支农、支医和帮扶乡村振兴（扶贫），数百万名青年学生参与"三下乡"社会实践活动；全国志愿服务信息系统中 14 岁至 35 岁的注册志愿者已超过 9000 万人；32 万余支青年突击队、550 余万名青年奋战在医疗救护、交通物流、项目建设等抗疫一线……他们把青春奋斗融入党和人民事业，成为实现中华民族伟大复兴的先锋力量。新时代中国青年当肩负时代赋予的重任，勇挑重担、奋勇争先，在担当中历练，在尽责中成长。

严私德，守牢纪律底线。欲事立，须是心立，青年唯有树立正确的道德认知，不断修身立德，打牢道德根基，严守纪律规矩，才能在人生道路上走得更正、走得更远。辽沈战役纪念馆英烈馆内，悬挂着一面"仁义之师"锦旗。这面锦旗背后有这样的故事：辽沈战役期间，锦州乡间的苹果已经熟了，行军路过的解放军战士虽饥渴难耐，但严守纪律，无论是路过还是借住在老乡家，从来不吃不拿一个苹果。守纪律讲规矩方能不乱方寸。有规则意识、有纪律意识、有法治意识，就能不断增强遵规守矩的思想自觉和行动自觉，做到不放纵、不越轨、不逾矩，在思想道德修养上走在前列、争当模范。

青年向上，未来可期。新时代新征途为青年一代成长搭建了广阔舞台，赋予年轻人无限可能。广大团员青年要自觉扣好人生第一粒扣子，严格履行团员义务，坚持从小事小节上加强修养，从一点一滴中完善自己，立大志、明大德、成大才、担大任，用奋斗书写青春华章。

（《人民日报》2022 年 9 月 4 日第 5 版）

当好科技创新的生力军

李昌禹

一粒砂子，能有什么价值？

将富含硅元素的砂子熔炼成高纯度的单晶硅，就是制作芯片的原材料。将单晶硅加工成硅晶片，再将上亿根晶体管和数公里长的导线布局其上，最终做成指甲盖大小的芯片，背后有一套复杂的工艺，其难度相当于在一根头发丝直径万分之一大小的地基上，建起高楼大厦。因其科技含量高，芯片也被称为现代科技"皇冠上的明珠"。

从砂子到芯片，强大的现代科技力量，让"点石成金"的古老传说得以成为现实。在当前全球科技竞争中，谁掌握了这种"点石成金"的魔法，谁就占据了主导权。

一粒砂上见世界。当下，科学技术越来越成为推动经济社会发展的重要力量。全球科技创新空前密集、空前活跃，新一轮科技革命和产业变革正在重构全球创新版图、重塑全球经济结构，创新驱动早已是大势所趋。在世界正经历百年未有之大变局的当下，谁在创新上先行一步，谁就能拥有引领发展的主动权。"发丝上建高楼"的高端芯片设计制造领域，无疑是这场较量中一个争夺激烈的战场。由于底子薄、起步晚，目前我国在高端芯片设计制造上还面临不少"卡脖子"的难题亟待解决，急需高技能芯片人才贡献力量。

当前，芯片半导体领域的科技竞争还远远未到终点。随着高端芯片制造在摩尔定律上即将到达极限，以及第三代半导体材料崭露头角，我们的芯片技术除了不断追赶，在某些领域也有了超越的可能，难得的机遇呼唤着更多青年抓住机会，勇挑大梁，发扬创新精神，增强创新本领，释放创新潜能，为解决国产芯片"卡脖子"难题积极发挥聪明才智。

国家所需，青年所向。作为科技创新的生力军，青年人才是国家战略人才力量的源头活水。在科技发展日新月异的当下，无论是产业的变革还是新业态的发展，都离不开青年科技人才的创新活力，离不开青年人勇于探索、敢为人先的拼搏奋斗。"天宫"览胜、"嫦娥"奔月、"蛟龙"入海、"天眼"探空、"墨子"传信、"北斗"导航……近年来，中国一批重大科技创新成果如雨后春笋般涌现，而其背后的核心科研团队，大多平均年龄不到 40 岁。年轻一代，正逐渐成为我国科技人才队伍的中坚力量。

近年来，越来越好的创新氛围，也为年轻人创新创造提供了更广阔的空间。党的十八大以来，以习近平同志为核心的党中央把创新作为引领发展的第一动力，从党和国家发展全局的高度对科技创新进行了顶层设计，推动创新的措施和力度进一步加大。近年来，我国科技研发投入大幅增长，2021 年全社会研发投入达 2.79 万亿元，同比增长 14.2%。来自世界知识产权组织发布的《2021 年全球创新指数报告》也显示，中国的创新指数从 2012 年的第三十四位上升到 2021 年的第十二位，中国创新环境越来越好、创新氛围越来越浓，鼓舞着越来越多的青年人才投入到科技创新的大军之中。

"创新的制高点在科技，科技创新的希望在青年。"当前，实现中华民族伟大复兴的中国梦，比以往任何时候都更加需要强大的科技创新力量。在各行业、各领域广阔的科技前沿，都需要更多青年科技工作者肩负起时代的使命，面向世界科技前沿和国家重大需求，不断向科学技术广度和深度进军，争做创新突破的探索者、世界创新潮流的弄潮儿，以青年之创新，引领时代之创新！

（《人民日报》2022 年 9 月 18 日第 5 版）

用奋斗绘就亮丽的画卷

周珊珊

习近平总书记在党的二十大报告中指出，当代中国青年生逢其时，施展才干的舞台无比广阔，实现梦想的前景无比光明。

在青年中有这样一群人，有的在科技强国主战场开拓创新，有的在生产经营一线苦干实干，有的在技术革新前沿精益求精，有的在社会服务领域无私奉献，有的在技能竞技舞台挥洒汗水……他们都有一个共同的身份，叫作"全国青年岗位能手"。

前不久，共青团中央、人力资源和社会保障部联合印发《关于命名表彰第21届全国青年岗位能手的决定》。被表彰的全国青年岗位能手来自全国各地、身份各异，但共同点是立足岗位、苦练本领，展现了新时代中国青年不懈奋斗、永久奋斗的精神风貌。他们是各领域先进青年的典型代表，也为广大青年立起了标杆、作出了榜样。

立足岗位，激发事业心，平凡岗位也能创造不平凡的业绩。山西大同市博物馆公众服务部主任文慧，通过做好本职工作，不断提升博物馆服务水平，努力在科普知识、提升审美、浸润人心上更进一步；贵州黔南布依族苗族自治州消防救援支队都匀市剑江大道消防救援站消防员江国豪，坚守岗位职责，参加各类灭火救援战斗 700 余场，抢救、疏散被困群众 500 余人……岗位不分大小，秉承着做好本职工作的职业精神，无论在哪都可以为人民服务、为强国复兴贡献力量。

苦练本领，厚植责任感，才能立身立业、担当重任。国产大飞机C919 在万米高空舒展双翼，离不开李青和他所在的上海飞机制造有限公司 C919 事业部的努力。李青从事大飞机事业 13 年，从一名基层工艺人员成长为型号线上的技术和管理带头人，始终用精益求精的态度提升工艺技术和管理能力；天津职业技术师范大学实训教师赵海龙，不仅在金属谐振陀螺加工工艺研究上取得重大突破，还帮助学生在技能大赛、科技创新中不断创造佳绩……各行各业像他们这样的人还有很多，锻造过硬本领，干一行、爱一行，专一行、精一行，才能成为可堪大用、能担重任的栋梁之才。

在庆祝中国共产主义青年团成立 100 周年大会上，习近平总书记这样勉励青年、寄语青年："要做刻苦学习、锐意创新的模范，带头立足岗位、苦练本领、创先争优，努力成为行业骨干、青年先锋"。无论什么岗位、什么行业、什么角色，最重要的是继承和发扬永久奋斗好传统，在新时代的广阔天地中顽强拼搏、创新创造、砥砺前行。把青春融入党和人民的事业，用奋斗绘就亮丽的画卷，"请党放心、强国有我"的铿锵誓言，终将化作"强国圆梦、功成有我"的精彩篇章。

处在中华民族发展的最好时期，青年要听从党和人民召唤，胸怀"国之大者"，立足岗位、苦练本领、努力奋斗，到新时代新天地中施展抱负、建功立业，争当伟大理想的追梦人，争做伟大事业的生力军，让青春在祖国和人民最需要的地方绽放绚丽之花。

（《人民日报》2022 年 10 月 30 日第 5 版）

继承和发扬吃苦耐劳、自力更生、艰苦奋斗的精神

姜　洁

"年轻一代要继承和发扬吃苦耐劳、自力更生、艰苦奋斗的精神，摒弃骄娇二气，像我们的父辈一样把青春热血镌刻在历史的丰碑上。"

习近平总书记日前在河南安阳红旗渠青年洞前的这番铿锵话语，指引着广大青年从红旗渠精神中汲取智慧、提振信心、增添力量，为全面建设社会主义现代化国家不懈奋斗。

20 世纪 60 年代，林县人民在崇山峻岭中创造奇迹，凿出一条 1500 公里的"人造天河"。被称为红旗渠咽喉工程的青年洞，由 300 名青年组成突击队，经过 1 年 5 个月的奋战，用蚂蚁啃骨头的精神，将红旗渠渠线延伸了最艰难的 616 米。

创造人间奇迹的红旗渠，至今还流传着当年风华正茂的青年们不怕吃苦、迎难而上的动人故事——

"如果修渠不成，就从太行山上跳下去，向林县人民谢罪！"26 岁就担任林县县委书记的杨贵建议引漳入林，面对质疑和反对声，他许下铮铮誓言，最终带领当地人民修成了这条"幸福渠"；

27 岁的工程技术骨干吴祖太，一心扑在建设工地上，与妻子办完婚礼仅 4 天就返回工地，在勘察隧洞时不幸牺牲；

30 岁出头的排险队队长任羊成一次次义无反顾地冲上悬崖排险，腰

间勒出的血痕久而久之磨成老茧，就像一条缠在腰间的"带子"；

13 岁的张买江继承修渠牺牲的父亲遗志，是红旗渠工地年纪最小的民工，一次荆棘刺穿右脚脚心无法取出，直到 5 年后才有机会拔掉；

…………

"一代人有一代人的使命，一代人有一代人的担当。"新时代新征程，拿过接力棒的青年们如何在复兴伟业中创造新的奇迹？传承弘扬迎难而上、不怕啃"硬骨头"的红旗渠精神，正是题中应有之义。在脱贫攻坚战场、科技攻关前沿、抢险救灾前线、疫情防控一线等岗位无私奉献、奋力拼搏，他们将青春之花绽放在祖国和人民最需要的地方——

85 后硕士毕业生黄文秀返乡后主动要求到条件艰苦的贫困村担任驻村第一书记，驻村满一年汽车仪表盘的里程数正好增加了两万五千公里，完成了自己"心中的长征"；

"清澈的爱，只为中国。"18 岁的战士陈祥榕在西部边境冲突中奋不顾身、英勇战斗，牺牲时还紧紧趴在战友身上，保持着护住战友的姿势；

"你们守护病人，我来守护你们。"35 岁的快递小哥汪勇在湖北武汉发生新冠疫情后瞒着家人成为金银潭医院战疫一线医护人员后勤保障的"带头人"，以非凡之勇守护着冬日里"逆行"的白衣天使；

…………

"社会主义是拼出来、干出来、拿命换来的，不仅过去如此，新时代也是如此。"传承红旗渠精神，用青春热血创造新奇迹，就要敢于迎难而上、不怕啃"硬骨头"，遇到困难不轻言放弃，以愚公移山的精神跨越新时代的"娄山关""腊子口"；就要大胆创新、敢为人先，善于捕捉创新创造的每一个机会与灵感，力争在本职岗位上有所发现、有所发明、有所创造；就要勇于担当、敢为人先，在挑战中发现机遇、在问题中找到出路、在挫折中磨炼成长。惟其如此，才能在新时代创造出新的奇迹，为中华民族伟大复兴作出我们这一代人的历史贡献。

时代在变，红旗渠精神不变。青年们，赶快行动起来，响应新时代的召唤，担当作为，用青春热血铸就新的辉煌！

（《人民日报》2022 年 11 月 13 日第 5 版）

科技强国，奋斗有我

杨 昊

11月12日，习近平总书记给中国航空工业集团沈飞"罗阳青年突击队"的队员们回信，希望他们心往一处想，劲往一处使，在推动航空科技自立自强上奋勇攀登，在促进航空工业高质量发展上积极作为，争做有理想、敢担当、能吃苦、肯奋斗的新时代好青年。

2012年11月25日，歼—15舰载机成功起降我国首艘航母"辽宁舰"。而就在当天，歼—15舰载机研制现场总指挥罗阳突发疾病抢救无效，在任务完成那一刻永远倒在了工作岗位上。

用大国重器支撑大国崛起，用民族担当挺起民族脊梁。10年来，受罗阳感召的青年航空人传承罗阳的奋斗精神，埋头苦干，创造了一个个新的奇迹：歼—20批量列装，运—20远航海外，直—20旋舞高原，歼—15成卫海天……国之重器惊艳亮相，彰显航空领域的中国力量。

今天，时代更加呼唤这些青年，在祖国最需要的地方建功立业，让青春在实现高水平科技自立自强的火热实践中绽放绚丽之花。

推动科技自立自强，要保持一股韧劲。反复淬火方能百炼成钢，行稳致远才能书写成功。十几年来，中国科学院上海光学精密机械研究所80后研究员王文涛孜孜追"光"。他和团队成功研制出稳定的台式化激光电子加速器，捕获到自由电子激光，让我国成为小型化自由电子激光研制国际竞争中的领跑者。只要方向对，就不怕路途遥远；只要坚持，再冷的板凳也能焐热。

推动科技自立自强，要保持一股狠劲。在经风雨中长才干、壮筋骨，方能练就担当作为的硬脊梁、铁肩膀。海南陵水海域，全球首座 10 万吨级深水半潜式生产储油平台"深海一号"钻机轰鸣。这支青年人占比七成以上的团队先后攻克一系列行业技术难题，"深海一号"基础设计开创了 3 项世界首创、13 项国内首创技术。出国交流期间，船体设计负责人李达曾定下规矩：每天工作 12 小时，一周 6 天，而团队成员一天的工作时间往往达到十六七个小时。正是这群追梦人的坚持，才实现了"深海一号"由中国人主导设计、自主建造，采用中国标准来开发运营。

推动科技自立自强，要保持一股拼劲。团结才能胜利，奋斗才会成功。心往一处想、劲往一处使，就一定能继续创造令人刮目相看的奇迹。一位西方政要来华访问时曾提出问题：为何中国制定的五年规划能一个接一个地完成？得到的答案是：中国的制度设计就是一张蓝图绘到底，一代接着一代干。

完成第一颗原子弹试验，集中了 26 个部门，900 多家工厂、科研机构和大专院校的智慧；标志着"中国植物学界终于站起来了"的《中国植物志》出版工作，前后 4 代科学家接力，历时近 50 年完成……万众一心、众志成城、接续奋斗，团结成"一块坚硬的钢铁"，就没有战胜不了的艰难险阻，就没有成就不了的宏图大业。

时代有所呼，青春有所应。新时代的中国青年，怀抱梦想又脚踏实地，敢想敢为又善作善成，他们也必将为中国的科技自立自强书写崭新的篇章。

（《人民日报》2022 年 11 月 27 日第 5 版）

强国有我　青春无悔

易舒舟

"边防有我在，请祖国和人民放心。"青藏高原寒气逼人，青年戍边官兵们声音嘹亮、字字铿锵；

"我要把青春留在家乡，守护绿色家园。"85 后的郭玺是甘肃省古浪县八步沙林场第三代治沙人，天色微亮，郭玺翻身起床，直奔蓄水站，开启了一天的管护工作；

"我们宁愿自己受脏，也要换来大街小巷的清洁。"冬日清晨，北京市东城区环境卫生服务中心十所"时传祥青年班组"的几名小伙子娴熟地完成了一次粪井清理工作……

这是奋斗在不同岗位的青年发出的青春誓言，虽然内容、表达各不相同，却都展现了他们勇于肩负时代使命的精气神。回首即将过去的 2022 年，在乡村振兴的战场，在抗击疫情的一线，在北京冬奥会的志愿服务岗位，在保卫祖国边疆的哨卡，处处澎湃着青春激情，昂扬着青春斗志。广大青年以"强国有我"姿态争做时代新人，用青春和汗水创造出新征程上的新奇迹。

以"强国有我"姿态争做时代新人，须把牢理想信念的"定盘星"。青春是火热的，唯有理想信念坚如磐石，才能把炽热的爱国情转化为持久的报国行。习近平总书记指出："青年时代树立正确的理想、坚定的信念十分紧要，不仅要树立，而且要在心中扎根，一辈子都能坚持为之奋斗。"青年人若想在强国路上争当可堪大任的时代新人，须把对共产主义的信仰、对中国特色社会主义的信念作为终身不变的坚守，自觉把青春梦融入中国梦。

"成为一朵朵浪花融入祖国的教育扶贫、乡村振兴事业中，是我们的幸运，也是我们人生的历练和重要功课。"这是北京大学马克思主义学院2021级硕士研究生叶山·叶尔布拉提在新疆支教时写下的心得。浪花虽小，却能汇成浩瀚的海洋，正是越来越多像叶山这样的青年，坚定理想、心怀大我，到祖国和人民最需要的地方去，"强国有我"才会真正成为写在祖国大地上的生动实践。

以"强国有我"姿态争做时代新人，还须学知识、增才干，练就一身"硬功夫"。党的二十大报告科学谋划了未来一个时期党和国家事业发展的目标任务和大政方针，要想肩负起加快建设制造强国、质量强国、航天强国、交通强国、数字中国等重任，青年人唯有如饥似渴、孜孜不倦学习，在攀登知识高峰中追求卓越，才能更好地贡献一份青春力量。

"我们第一批十四名航天员把规定课程学习完，用了五年的时间，等于重上了一次大学，而且就其深度、广度和强度来说，超过了很多大学。"中国进入太空第一人杨利伟在自述中写道。同为航天员的王亚平曾问杨利伟，觉得航天员最难的是什么？杨利伟说："最难的事情是学习，日复一日地坚持学习。"立身百行，以学为先。无论身处哪一行业，青年人都需要过硬的本领，练就过硬本领则要依靠勤奋努力的学习。

青春的力量，青春的涌动，青春的创造，始终是推动中华民族勇毅前行、屹立于世界民族之林的磅礴力量。青年人，用自己的实际行动践行"强国有我"的誓言吧，做一名不辜负"天将降大任于是人"的时代新人。

（《人民日报》2022年12月11日第5版）

在希望的田野上谱写青春之歌

李林蔚

刚晒干的新黄豆、大个的野生猕猴桃、新鲜的老树核桃……点开"梁掌柜"的短视频平台账号，朴实的画面配上几句简短的介绍，陇南深山的各色土特产品一一映入眼帘。几年前，在外打工的梁倩娟返乡创业，开起了网店，深入挖掘地方资源禀赋，通过"电商+农户"的形式，为当地农产品打开销路，帮助周边300多户群众增收致富。

近年来，许多像梁倩娟这样的年轻人返乡创业就业、扎根乡村振兴一线。在越来越多的人眼里，农业日益成为有奔头的产业，农民成为有吸引力的职业，农村正成为安居乐业的美丽家园。

乡村振兴，关键在人。习近平总书记强调，"激励各类人才在农村广阔天地大施所能、大展才华、大显身手，打造一支强大的乡村振兴人才队伍"。青年是社会最有生气的力量，也是全面推进乡村振兴的重要动力。近年来，随着广大农村地区环境面貌的极大改善，农村的创新创业环境持续优化，越来越多的年轻人响应号召，投身乡村振兴的火热实践，发挥自己的聪明才智，奋斗在希望的田野上。数据显示，截至今年4月，全国各类返乡入乡创业人员超过1100万人，其中就包括大量的年轻人。广袤乡村，正在成为年轻人创新创造的热土，同时乡村振兴也对返乡入乡创业的年轻人提出了新的要求。

投身乡村振兴一线，要有迎难而上的决心。在乡村闯出一片天地，不能靠一时的"头脑发热"，要有长期面对困难、克服挫折的心理准备，知难而进、迎难而上的信心和决心。近年来，在打赢脱贫攻坚战的战场上，涌现出许多青年模范代表，他们在农村干劲十足，遇到困难毫不退缩，坐上贫困户家炕头，谈心交心挖穷根，把精准扶贫的路线图细化为每家每户的施工图；到处筹集项目、资金，修路、建桥、安路灯，让村里富起来、美起来；迈进带货直播间吆喝扶贫产品，化身"网红"帮群众打开销路……投身乡村振兴的年轻人，当学习他们的决心和干劲，逢山开路、遇水架桥，闯出一片天地。

投身乡村振兴一线，还要有放下身段的虚心。为了改变燃烧牛羊粪效率低、不环保的现状，藏族小伙子次仁明久一次次向老一辈牧民"取经"，请教生活经验，最终研发出适合高原使用的可再生燃料棒，让乡亲们用上了清洁能源。年轻人思维活、脑子快，学习能力强，而农民群众有着丰富的生产生活经验。只有把两者结合起来，以乡亲们为师，才能因地制宜，少走弯路，真正找到造福一方百姓的路子。

投身乡村振兴一线，更要有扎下根去的恒心。为了缩小我国肉牛品种与国外的差距，中国农业科学院北京畜牧兽医研究所牛遗传育种创新团队的朱波和同事们连续 8 年在内蒙古乌拉盖牧区开展工作，晚上就借住在牧民家的帐篷里。其团队主导培育的"华西牛"，最终成为我国具有完全自主知识产权的专门化肉牛新品种。年轻人正处于探索试错的最佳阶段，要找准目标不懈努力，在火热的乡村振兴实践中锤炼本领、更快成长。

回望过去，无数投身乡村振兴一线的年轻人，怀揣梦想又脚踏实地，敢想敢为又善作善成，为改变乡村面貌贡献了无悔的青春力量。新征程上，广大青年要牢牢扎根乡村广袤土地，用汗水浇灌梦想，用奋斗诠释担当，谱写乡村振兴的青春之歌！

（《人民日报》2022 年 12 月 25 日第 5 版）

奋跃而上　飞速奔跑

刘博通

　　春节期间，新疆军区某边防团青年官兵踏雪巡边，用行动诠释对祖国和人民的赤胆忠心；浓厚的节日氛围中，青年铁路人坚守岗位，全力以赴守护万家团圆的旅途；晨光初露，快递小哥已奔忙于大街小巷，将包裹送到家家户户……新年伊始，中华大地一幕幕火热的奋斗场景，展现出新时代中国青年蓬勃向上的青春力量。

　　习近平总书记在二〇二三年春节团拜会上的讲话中指出："在农历兔年，希望全国人民特别是广大青年像动如脱兔般奋跃而上、飞速奔跑，在各行各业竞展风流、尽显风采。"青春孕育无限希望，青年创造美好明天。实现第二个百年奋斗目标，实现中华民族伟大复兴的中国梦，青年一代责任在肩。各行各业的青年人当勇挑重担、奋勇争先，像动如脱兔般奋跃而上、飞速奔跑，用拼搏和汗水书写新时代的青春华章。

　　要奋跃而上、飞速奔跑，须苦练本领、精益求精。青年正处于长知识、增才干的重要时期，应积极主动学习、不断超越自我，练就扎实过硬的专业本领。男子短跑运动员苏炳添在赛前训练和比赛时，都会拿出小卷尺仔细测量，认真寻找摆放起跑器的最佳位置。经年累月地总结经验、学习研究，成就了他在赛道上的成绩突破。东京奥运会上，苏炳添在男子百米半决赛上打破亚洲纪录。用汗水浇灌梦想、用时间磨砺本领，青年人才能更有能力和底气追逐青春梦想、担当时代重任。

要奋跃而上、飞速奔跑，须脚踏实地、奋斗不息。奋斗不只是响亮的口号，更要在做好每一件小事、完成每一项任务、履行每一项职责中见精神。四川省马边彝族自治县民主镇副镇长、雪峰村党支部书记立克拢拢，从大山走出来又回到大山，帮助雪峰村贫困群众脱贫，用青春热血带着乡亲们蹚出一条致富路；山东省淄博市沂源县东里镇福禄坪小学老师任纪兰，心怀感恩回报乡村，大学毕业后毅然选择回到乡村执教，传递爱与温暖……他们向下扎根、向上拼搏，立足岗位发光发热，以实干创造不平凡的业绩。青年人要有愚公移山的志气、滴水穿石的毅力，脚踏实地，埋头苦干，就一定能够把宏伟目标变为美好现实。

要奋跃而上、飞速奔跑，还须迎难而上、一往无前。通往光荣的道路不会总是鲜花铺就，但青春的火焰一旦被梦想点燃，就会产生百折不挠的恒心和斗志。"排雷英雄战士"杜富国在 2018 年的一次扫雷行动中，为保护战友身受重伤，永远地失去了双手和双眼。手术后两个月，杜富国就在跑步机上练体能；生活能基本自理后，他练抓握、练写字……经过锲而不舍的努力，他终于成功归队。杜富国的故事告诉我们：坚守希望、披荆斩棘、勇攀高峰，任何艰难险阻都挡不住我们前进的步伐。

明天的中国，希望寄予青年。青年兴则国家兴，中国发展要靠广大青年挺膺担当。新征程上，广大青年要与祖国共进、与时代同行，在梦想的指引下奋力奔跑，在奋斗中实现人生价值，努力让青春在全面建设社会主义现代化国家的火热实践中绽放绚丽之花！

（《人民日报》2023 年 2 月 5 日第 5 版）

经历风雨　增长才干

沈童睿

　　前不久，笔者采访中了解到一位驻村第一书记的故事。他本是一名青年教师，驻村数年，和村民共同经历了冰雪、洪水、大旱考验，参与抢险、恢复生产，遭遇许多讲台上没见过的难题，当了多次"热锅上的蚂蚁"。而也就是在这几年间，村里建档立卡贫困户全部脱贫，人均年收入跃升到 1.2 万元，获评市级"文明村"……风风雨雨，固然让这位曾经的教书匠着急过、犯难过，却也给了他更多磨砺，让他强筋壮骨、增长才干、干出实绩。

　　习近平总书记指出："刀要在石上磨、人要在事上练，不经风雨、不见世面是难以成大器的。"当今时代，知识更新不断加快，社会分工日益细化，新技术新模式新业态层出不穷。这既为青年施展才华、竞展风采提供了广阔舞台，也对青年能力素质提出了新的更高要求。当代青年要担当时代责任，必须练就过硬本领，做起而行之的行动者，经历风雨、增长才干。

　　在风雨中增长才干，要筑牢坚定的理想信念。奋斗的道路不会一帆风顺，如果跌了一跤就打退堂鼓、畏缩不前，就无法从经验教训中获得滋养，成事、成才更无从谈起。而百折不挠的意志，需要用坚定的理想信念来浇铸。"石可破也，而不可夺坚；丹可磨也，而不可夺赤。"从艰苦卓绝的井冈山斗争到千难万险的长征路，从硝烟弥漫的抗日战争到摧枯拉朽的解放战争……九死一生、千难万险，不但没有阻挡中国共产党人前进的步伐，反而令我们变得愈益强大。崇高的理想信念，是前行路上的灯塔。

在风雨中增长才干，要做起而行之的行动者。庭院里跑不出千里马，温室里长不出万年松。躲在"舒适圈"中坐而论道、驰于空想，是难以收获成长的。到现实中、在奋斗中摸爬滚打，研究现实矛盾，实践胸中所学，才能不断提高本领、积累经验。广大青年要厚植家国情怀、挺膺担当，投身党和国家事业发展一线，锤炼意志、磨炼本领。湖南省花垣县十八洞村的苗家女孩施林娇大学毕业后主动回到村里创业，通过拍摄短视频、直播等方式，让家乡的风景、民俗为更多人所知；科技攻关前沿，广大青年竭智尽力，青年工程师曾耀祥，在而立之年改变了半个多世纪的"火箭弹性载荷设计方法"，让火箭更轻、运载能力更强……他们将个人理想融入党和国家事业，在攻坚克难的过程中收获了成长，实现了个人价值，为广大青年树立了榜样。

青年是苦练本领、增长才干的黄金时期。生逢伟大时代，青年要增强紧迫感，经风雨、见世面、成大器，让青春在为祖国、为人民、为民族、为人类的奉献中焕发出更加绚丽的光彩！

（《人民日报》2023 年 2 月 19 日第 5 版）

志存高远　脚踏实地

吴　月

　　从放羊娃到全国技术能手，距离有多远？这是90后全国人大代表师延财走过的追梦路。前不久的全国两会上，他的故事被许多人知晓：儿时家境困难，寒暑假要放羊、打零工来补贴家用；接受职业技术教育后，他刻苦学习焊接技能；走向工作岗位，一门心思钻研技术，终于成为"华龙一号"的核级焊工。回顾自己的成长，师延财说，在这个人人都有机会施展才华的时代，一定要努力实现梦想。脚踏实地、全心努力付出，定会有所收获。

　　习近平总书记指出："广大青年要勇敢肩负起时代赋予的重任，志存高远，脚踏实地，努力在实现中华民族伟大复兴的中国梦的生动实践中放飞青春梦想。"师延财的经历，便是许多青年成长的缩影：有梦想、志存高远，有行动、脚踏实地，通过努力奋斗，在各自的岗位上创造不平凡的业绩。

　　志存高远，方能登高望远。脚踏实地，方能行稳致远。实现梦想的旅途上，二者缺一不可。

　　志存高远，脚踏实地，意味着树立远大志向后，还要坚持从实际出发，把人生的路一步步走稳走实。道虽迩，不行不至；事虽小，不为不成。习近平总书记指出，做人做事，最怕的就是只说不做，眼高手低。不论学习还是工作，都要面向实际、深入实践，实践出真知；都要严谨务实，一分耕耘一分收获，苦干实干。成为全国技术能手，曾是师延财初入职场时的梦想。从梦想萌芽到实现，花了整整 10 年。"加班的地方有我，干活最忙的地方有我，最苦的地方也有我。"回想圆梦之旅，他说，苦练焊接技术时的汗水，换来了现在的甜。

在世界技能大赛为国家争光，曾是 00 后小伙马宏达的梦想。备赛期间，他每天至少训练 7 个小时；一双 5 厘米厚、能穿一年的劳保鞋，在他脚上两个月就磨破底。终于，马宏达在 2022 年世界技能大赛特别赛上获得抹灰与隔墙系统项目金牌，从技工学校学生成为世界冠军。对青年人来说，在校园中学习，就要孜孜不倦、打好基础；在职场上打拼，就要立足本职、埋头苦干。老老实实做人，踏踏实实干事，方能将高远的志向变成可及的未来。

志存高远，脚踏实地，还意味着在日复一日的努力中，不忘最初的梦想，守住内心的志向。真正踏上追梦之旅后，沿途有平川也有高山，有缓流也有险滩，有丽日也有风雨。拥有高远的志向，才能不畏浮云遮望眼。江苏镇江市镇江新区永兴农机机械化专业合作社理事长魏巧，是一名返乡创业的 80 后。创业伊始，由于缺乏务农经验，第一季的种植曾遭遇失败。然而，怀着当好新时代"新农人"的志向，她不断探索大田数字化种植模式，农田里的喜讯越来越多。回首来时路，"直面困难，未来可期"是她对大学生们的寄语。

脚踏实地的路上，难免遇到挫折。青年人应努力做到"受挫而不短志"，目标坚定、目光长远，不为一时一事所惑，不因暂时的困难停下前行的脚步。或许一次考试成绩不够理想，或许第一份工作不够满意，或许客观条件暂时受限，只要志气在，不放弃追求与探索，人生便有无限可能。

梦在前方，路在脚下。梦想要志存高远，行路要脚踏实地。坚定出发吧，勇往直前才能创造更加美好的未来。

（《人民日报》2023 年 4 月 2 日第 6 版）

有责任有担当，青春才会闪光

李龙伊

今年全国两会期间，全国人大代表、直—20 女飞行员徐枫灿获得了网友的关注——1999 年出生的徐枫灿，来自南部战区陆军某旅。会场上，她一身绿军装、扎着马尾辫，英姿飒爽、利落干练，积极为国防和军队建设建言献策；会场外，她是陆军首个初放单飞的女飞行员，凭借过硬的飞行技术，刚毕业就飞上了大国重器直—20，最近又承担起武装直升机的改装任务。以青春之力守护家国安宁，徐枫灿的奋斗故事，成为新时代有志青年在复兴之路上踔厉奋发、奔跑追梦的缩影。

习近平总书记勉励青年"把个人的理想追求融入党和国家事业之中，为党、为祖国、为人民多作贡献""有信念、有梦想、有奋斗、有奉献的人生，才是有意义的人生"。谆谆嘱托，为广大青年成长成才指明了道路和方向，鼓励广大青年在强国实践中书写无愧于时代、无愧于历史的青春篇章。

时间之河奔腾不息。回溯往昔，一代又一代中国青年以青春之我、奋斗之我，为国家和民族的未来前赴后继。抗日战争中，杨靖宇、赵一曼、陈翰章等青年为国家生存而战、为民族复兴而战、为人类正义而战，以铮铮铁骨战强敌、以血肉之躯筑长城、以前仆后继赴国难，谱写了惊天地、泣鬼神的雄壮史诗；改革开放和社会主义现代化建设新时期，青年才俊勇立潮头、锐意进取，为推动中国发展拼搏奋进。时代各有不同，青春一脉相承，中国青年始终在奋斗和奉献中谱写着激昂的青春乐章。

历史车轮滚滚向前。进入新时代，中国青年迎来了实现抱负、施展才华的难得机遇。时代造就青年，盛世成就青年。从投身乡村振兴、和群众想在一起干在一起的驻村第一书记，到在推动航空科技自立自强上奋勇攀登的"罗阳青年突击队"，再到扎根雪域高原、守护祖国边疆的卫国戍边英雄，广大青年在党和人民需要的时刻冲得出来、顶得上去，展现了亮丽的青春风采、迸发出豪迈的青春激情。

壮阔时代大有可为，需要青年大有作为。建设社会主义现代化强国、实现中华民族伟大复兴中国梦的重任，落到了新时代中国青年肩上。国家前途、民族命运、人民幸福，与广大青年的拼搏奋斗紧密相连。《新时代的中国青年》白皮书中有这样一组数据：北斗卫星团队核心人员平均年龄36岁，量子科学团队平均年龄35岁，中国天眼FAST研发团队平均年龄仅30岁……这些寄托着强国建设、民族复兴梦想的事业中，处处可见青年的身影。时代呼唤更多青年勇担使命，在实现中华民族伟大复兴的实践中奋力拼搏、建功立业，在新征程上敢于闯滩涉险、勇于攻坚克难，让青春在党和人民最需要的地方绽放出绚丽之花。

有责任有担当，青春才会闪光。展望未来，强国建设、民族复兴的宏伟目标令人鼓舞，催人奋进。路虽远，行则将至；事虽难，做则必成。广大青年在党的领导下团结奋斗、开拓创新，争当伟大理想的追梦人、伟大事业的生力军，一定能在新征程上作出无负时代、无负历史、无负人民的业绩，为推进中国式现代化不断作出新的更大贡献。

（《人民日报》2023年4月16日第5版）

心有所信　方能行远

黄　超

　　"看完预告片，说说《望道》这部电影的关键词""近代仁人志士为民族复兴做过哪些尝试""陈望道本名陈融，这样改名有什么寓意"……今年"五四"青年节之际，上海市同济初级中学迎来一堂别开生面的课：复旦大学"星火"党员志愿服务队结合正在上映的电影，为入团积极分子讲述百年前中国共产党人追寻真理的故事。课上大家积极讨论，课后不少人围拢过来提问："社会主义与共产主义有什么关系？""有没有适合我看的党史书籍？"年龄学历不同，但理想信念相同，青年之间的互动让人更加深切感受到，"传播马克思主义理论，是一件很有意义的事情"。

　　近年来，马克思主义理论在青年中传播的氛围明显优化，年轻人动起来了，方式活起来了，效果逐渐好转起来。与此同时，当代中国青年也面临各种社会思潮的现实影响，不可避免会在理想和现实、主义和问题等方面遇到一些困惑。我们需要更多能把马克思主义中国化故事讲好的先进青年，充分发挥青春能动性和创造力，用同辈听得懂、听得进的话语，教育引领更多青年成为具有坚定政治立场和理想信念的时代新人。

　　习近平新时代中国特色社会主义思想是马克思主义中国化时代化的最新成果，为推动新时代党和国家事业不断向前发展提供了科学指南，激发了广大青年对马克思主义的学习热情。如何当好党的创新理论的传播者，用先进思想凝聚青春力量？党的二十大以来，上海高校多个青年社团探索发起了红色巴士研学实践。中共一大会址、杨浦滨江公共空间、陆家嘴金融城党群服务中心……红色巴士沿着习近平总书记的上海足迹，在移动式课堂中宣传党的二十大精神。从政治上着眼、从思想上入手，才能让青年学生更加深刻感悟到马克思主义的真理力量。

青年是社会上最富有朝气、最富有创造性的群体，自我意识与独立思维能力强。要想把传播马克思主义理论"坚持做下去、做得更好"，就要从青年特点出发，创新手段方式、拓展平台渠道，最大程度契合青年成长主体需求。如今，在微信、B站、抖音、知乎等平台，各级共青团组织和青年工作者在广大青年关心的公共议题中有了更多的身影，推进马克思主义理论与青年实际相结合，有效提升了青年群体的获得感。马克思主义经典理论的大道理科学转化为适合互联网和新媒体传播的生动知识，及时有效引领，推动个人成长与社会发展相统一。

习近平总书记强调，"心有所信，方能行远。面向未来，走好新时代的长征路，我们更需要坚定理想信念、矢志拼搏奋斗"。我们培养有功底、懂运用、善传播的青年马克思主义者，通过榜样示范、同辈影响等带动更多青年，根本目的还是在于培养马克思主义的信仰者、践行者。广大青年要不断增强紧迫感和使命感，不断提升运用马克思主义立场观点方法的能力和本领，胸怀"国之大者"，担当使命任务，到新时代新天地中去施展抱负、建功立业！

（《人民日报》2023 年 5 月 14 日第 5 版）

在"吃苦"中收获　在奉献中成长

史一棋

　　近日，习近平总书记在给中国农业大学科技小院同学们的回信中指出："你们在信中说，走进乡土中国深处，才深刻理解什么是实事求是、怎么去联系群众，青年人就要'自找苦吃'，说得很好。新时代中国青年就应该有这股精气神。"

　　当下，有许多青年选择扎根乡村，"自找苦吃"，在"吃苦"中收获，在奉献中成长。"我们驻村人的工作，就是要办好村民的一件件小事。没有伟大的事业，只有充实的人生。"河北省滦平县巴克什营镇古城川村青年包村干部侯忠林这样说。从开展森林防火巡视到向村民宣讲相关政策，从检查水体污染到入户指导厕改，从核定危房改造补助标准到督查散煤违规使用……一名青年包村干部要操心的事，远比工作本上的记录更加琐碎，可侯忠林觉得，"不管多苦，把每一件小事做好，就是我最大的成就感。"

　　习近平总书记强调："无数人生成功的事实表明，青年时代，选择吃苦也就选择了收获，选择奉献也就选择了高尚。"所谓的"苦"，看似是品尝生活的味道，更是对青年人精神的淬炼。人们都说"年轻就是资本"，并不只是青春焕发的身体，还包括乐于吃苦的能力和不怕困难的勇气。温室里长不出参天大树，懈怠者干不成宏图伟业。只有经历过无数困难的磨炼，才能收获成长，不断进步。青年人应该坚信，人生没有白走的路，也没有白吃的苦。

当然，"自找苦吃"并不容易。从某种意义上来说，青年"自找苦吃"的过程，正是本领提升、内心充盈的过程。青年在成长的过程中，会收获成功和喜悦，也会面临困难和压力，很可能尝到失败的苦楚。如果过于计较一城一地的得失，甚至遇到挫折和困难就放弃，必定走不长远。青年要始终保持初生牛犊不怕虎、越是艰险越向前的勇毅，在不断战胜各种挑战中超越自我，方能"苦尽甘来"。

"自找苦吃"不是白白吃苦，而是要在吃苦中锻炼才干，增强斗争本领。青年人胜在年轻，但也囿于年轻，毕竟人生阅历、工作经验不足，面对各种错综复杂的局面难免手足无措、进退失据。一滴水的力量虽然微弱，但日复一日、年复一年对着一个点，终能滴水穿石。青年人的成长发展也是如此，唯有秉持一步一个脚印的实干精神和锲而不舍的韧劲，在挫折挑战中迎难而上，在历经风雨后愈挫愈勇，逐渐练就能担事的"铁肩膀"和能成事的"真本领"，才能成为可堪大用、能担重任的栋梁之才。

青年人要继承和发扬吃苦耐劳、艰苦奋斗的精神，摒弃骄娇二气，争做有理想、敢担当、能吃苦、肯奋斗的新时代好青年，在全面建设社会主义现代化国家、全面推进中华民族伟大复兴的火热实践中书写无悔青春。

（《人民日报》2023 年 5 月 28 日第 5 版）

在乡村振兴的大舞台上建功立业

刘博通

前不久，习近平总书记给中国农业大学科技小院的学生回信强调："党的二十大对建设农业强国作出部署，希望同学们志存高远、脚踏实地，把课堂学习和乡村实践紧密结合起来，厚植爱农情怀，练就兴农本领，在乡村振兴的大舞台上建功立业，为加快推进农业农村现代化、全面建设社会主义现代化国家贡献青春力量。"

乡村振兴，是一个呼唤人才同时造就人才的舞台。广袤田野中孕育着无限的机遇与可能，为青年人提供了广阔的施展空间。从选育良种、优化技术的科技工作者，到带动致富、反哺乡村的返乡创业者，再到与群众想在一起、干在一起的驻村干部……近年来，一大批有情怀、有抱负、有才华的青年人扎根乡村，投身乡村振兴的火热实践，在成就自身梦想的同时，为乡村振兴注入了源源不断的动能。

民族要复兴，乡村必振兴。青年是整个社会力量中最积极、最有生气的力量，也是推进乡村振兴的生力军。今天，时代呼唤青年人在乡村振兴的大舞台上建功立业，在大有可为的乡村大显身手，书写与时代同行的青春篇章。

在乡村振兴的大舞台上建功立业，要俯下身、沉下心来做好一件件实事小事。实现梦想的路上不仅需要满腔热情，更要踏踏实实走进乡土中国深处，去田间地头"接地气""沾泥土"，扎下根来快速成长。新疆维吾尔自治区喀什地区莎车县巴格阿瓦提乡党委书记逄子剑，大学毕业后就来到南疆基层一线工作，大力发展畜牧养殖，与科研院所对接引入棉花新品种，进行试验种植、效益对比……通过做好一件件实事，他就像胡杨一样深深扎根在祖国西陲。青年人既要怀抱梦想又要埋头苦干，认真完成每一件任务、履行好每一项职责，一步一个脚印稳步向前，让美好愿望不断变为现实。

在乡村振兴的大舞台上建功立业，要持续加强学习、练就过硬本领。青年时期是汲取知识、增长才干的重要时期，要把学习当作一种责任、态度和习惯。让家乡的优质大米走出大山，是四川省广元市剑阁县东宝镇双西村两委委员、广元耕鑫农业有限公司总经理邓小燕的梦想。为了提高稻米产量，她跟着老乡一起下田插秧，请来农业技术专家，选取更适宜的优质稻种，采用先进的覆膜育秧技术，终于使试种的水稻增产增收。青年人要把田野热土当作广阔课堂，不断在工作中提升自己，夯实专业技能、丰富知识储备，在实践中激发潜能、积累经验，做到厚积薄发、行稳致远。

在乡村振兴的大舞台上建功立业，还要擦亮青春底色、在拼搏中攻坚克难。行进的路上，有宽广大道也会有急流险滩，有风和日丽也会有电闪雷鸣。眼里紧盯目标，迈开步子往前闯，才不会失去动力和方向。"我要用青春的汗水让农村大地更加丰茂。"贵州鸿发生态农业科技有限责任公司董事长杨安仁立下这样的誓言。创业初期，这名90后种植的油桐遭遇枯萎病死亡。杨安仁并没有放弃，他与中国林科院等展开了相关科技攻关工作，终于突破了枯萎病难题获得抗病品种。困难面前，只有凭借"咬定青山不放松"的决心、"狭路相逢勇者胜"的气概，把艰苦环境当成磨砺自身本领能力的机遇，才能在劈波斩浪中开拓进取，在拼搏的青春中成就事业华章。

生逢盛世，肩负重任。征途漫漫，惟有奋斗。面向未来，新时代的青年要在乡村振兴的大舞台上挺膺担当、奋发有为，以昂扬的姿态追逐青春梦想，为加快推进农业农村现代化、全面建设社会主义现代化国家贡献青春力量！

（《人民日报》2023年6月11日第5版）

用辛勤的汗水浇灌青春之花

徐本禹

　　"中国青年五四奖章"获得者袁辉放弃城市优越的生活，扎根湖北恩施土家族苗族自治州山区支教，为山里的孩子插上梦想的翅膀；"全国优秀共青团员"获得者骆群曙从高校走进农村，成为一名驻村第一书记，"满头花白"映照出这位 90 后投身乡村振兴的付出……他们在基层挥洒汗水的脸庞、拼搏奋斗的身影，是最美的青春模样。

　　习近平总书记勉励广大青年，"要不怕困难、攻坚克难，勇于到条件艰苦的基层、国家建设的一线、项目攻关的前沿，经受锻炼，增长才干"，"让青春在全面建设社会主义现代化国家的火热实践中绽放绚丽之花"。基层是沃土，有青年成长所必需的营养元素。新时代青年应当把投身基层作为青春的"必修课"，主动到基层一线摸爬滚打、强筋壮骨，让基层沃土滋养青春之花，让青春之花更加绚丽绽放。

　　走进基层，让紧跟党走的信念更坚定。赤诚心向党，青春不迷茫。身在基层，用心聆听党的声音，用心感知党的温暖，我们就会更加笃定：党所指引的方向就是青年奋斗的方向。从投身特色产业培育增加农民收入，到参与农业农村人才培养助力人才振兴；从引导居民开展社区环境整治共创美好家园，到发动居民共同参与老旧小区改造提升生活品质，在这些让生活更美好的付出中，让群众切身感受到党的好政策就在其间。投身基层的生动实践，就是一堂生动的党课，在潜移默化中坚定青年人听党话、感党恩、跟党走的理想信念，把对党浓浓的爱融入青春血脉，转化成为老百姓服务的实际行动。

走进基层，让扛责担重的肩膀更硬朗。不经磨砺，无以成钢；不经风雨，难见彩虹。青春之树只有经历了风吹雨打，才能扎根更深、茁壮成长。"感动中国2022年度人物"80后青年杨宁，大学毕业后返回家乡，带领村民在大苗山战贫困、拔穷根。面对银行的借贷压力、村民的质疑，杨宁哭过，但从没想过放弃。她甚至偷偷把婚房卖掉筹集资金，成功带领村民脱贫摘帽。刀在石上磨，人在事上练。主动到基层"自找苦吃"，主动迎接困难挑战，青年人就能够在跨越一个个沟坎的过程中练就过硬本领、收获成长与进步。

走进基层，让群众至亲的情感更浓厚。当我们把老百姓当成亲人，老百姓就会把我们当成"心上人"。"时代楷模"黄文秀担任驻村第一书记期间，遍访全村所有贫困户，绘制"贫困户分布图"，帮助村民扫院子、干农活，很快村民就把黄文秀当成了自家人。放下架子，俯下身子，主动走到老百姓中间，切实为老百姓解决实际困难，青年人就能够在为老百姓办实事的过程中赢得群众信任、涵养为民情怀。

习近平总书记指出："只有进行了激情奋斗的青春，只有进行了顽强拼搏的青春，只有为人民作出了奉献的青春，才会留下充实、温暖、持久、无悔的青春回忆。"把梦想的种子播撒在基层的沃土里，把火热的青春安放在为老百姓服务的生动实践中，用辛勤的汗水浇灌青春之花，我们的青春就会别样灿烂，我们就一定能够收获充实、温暖、持久、无悔的青春回忆。

（《人民日报》2023年6月25日第5版）

在传承发展中华文化过程中展现青春风采

程　龙

　　"非遗＋时尚"生成美丽经济，"传统＋设计"赋能文创潮牌，"文化＋科技"焕发全新活力……在日前举行的第十九届文博会上，一系列青春活泼、创意十足的展区受到热捧，许多观众大呼过瘾："传统文化还可以这样好看又好玩！"这背后是一批热爱传统文化、创新弘扬传统文化的年轻人为传统文化注入了新潮、创新、科技元素。

　　习近平总书记在文化传承发展座谈会上强调："在新的起点上继续推动文化繁荣、建设文化强国、建设中华民族现代文明，是我们在新时代新的文化使命。"青年是社会上最富活力、最具创造性的群体，充分发挥青春力量，共同努力创造属于我们这个时代的新文化，是当代青年的重要使命。

　　文化自信是更基础、更广泛、更深厚的自信，是一个国家、一个民族发展中最基本、最深沉、最持久的力量。创造属于我们这个时代的新文化，广大青年首先要坚定文化自信。令人欣喜的是，如今越来越多的年轻人爱上了中华优秀传统文化。拿起"考古神器"洛阳铲，层层揭秘"考古盲盒"；同三两好友一起围炉煮茶，举杯慢饮；在非遗工坊观摩学习，亲身体验一次老手艺……年轻人在与中华优秀传统文化频频相遇的日常生活中，找到深切共鸣，感受到传统文化的魅力与活力，文化自信进一步增强。

与此同时，越来越多的年轻人投身于传承和发展中华优秀传统文化。从惊艳国际交响乐舞台的中国第一位唢呐博士刘雯雯，到以《只此青绿》火遍全网的舞蹈演员孟庆旸；从用数字化方式"复活"千年艺术的敦煌研究院的年轻人，到"活化"古村落的青年古建修复工作者，广大青年以热爱为底色，以专业为本色，在传承发展中华文化过程中展现青春风采、贡献青春力量。

真正的文化自信，并不是唯我独尊、盲目排外，而是要秉持开放包容。在漫长历史进程中，中华文明兼收并蓄、取长补短，不断汲取外来文化的精华，涵养了源远流长、博大精深的中华文化。新时代中国青年以前所未有的深度和广度认识世界、融入世界，在对外交流合作中更加理性包容、自信自强。中国青年要在各种国际舞台上讲述中国故事、参与全球青年事务治理，积极促进国际文化交流交往。广大青年在坚持马克思主义中国化时代化、传承发展中华优秀传统文化的同时，要促进外来文化本土化，不断培育和创造新时代中国特色社会主义文化。

真正的文化自信，更不是故步自封、简单复古，而是要坚持守正创新。创新是最好的传承，而青年最具创新热情，最具创新动力。今日之中国，"文博热"火爆、"文创风"劲吹，人民群众对传统文化的热情日益高涨，呼唤广大青年以守正创新的正气和锐气，赓续历史文脉、谱写当代华章。青年要与时俱进、勇于创新，在实践中为推动中华优秀传统文化创造性转化、创新性发展注入青春的动能和活力。

好风凭借力，正是扬帆时。广大青年自觉担负起新的文化使命，坚定文化自信、奋发有为，定能为推进中华民族现代文明和社会主义文化强国建设贡献青春力量。

（《人民日报》2023 年 7 月 9 日第 5 版）

奋斗，积蓄青春远航的动力

吴 月

这个夏天，又有一批学子自信地走出高考考场，完成高中阶段的答卷。眼下，随着高校招生录取工作的开展，一封封录取通知书正飞往千家万户。许多同学即将步入大学校园，迎来新的学习阶段。

习近平总书记指出："大学是立德树人、培养人才的地方，是青年人学习知识、增长才干、放飞梦想的地方。"大学的青春时光，人生只有一次，应该好好珍惜。大学生活，怎样过才值得？

学习知识，是大学生的首要任务。前不久，去一所高校采访，一名大一学生笑道："曾以为考上大学就会轻松了，原来并非如此！"实际上，大学阶段，"恰同学少年，风华正茂"，有老师指点，有同学切磋，有浩瀚的书籍引路，可以心无旁骛求知问学。此时不努力，更待何时？进入大学，要勤于学习、敏于求知，努力练好人生和事业的基本功。

"那个6岁时躺在山坡放牛'牧星'的孩子，36岁时真的去天上'摘星星'了！"今年夏天，85后航天员桂海潮的故事激励了许多学子。当年高考时，他以优异成绩考入北京航空航天大学。在同学眼中，学生时代的桂海潮就特别勤奋刻苦，遇到不懂的问题，"无论下多大功夫也要搞明白"。扎实的知识、过硬的本领，成为青春远航的动力。

增长才干，需要大学生既多读有字之书，也多读无字之书，注重学习人生经验和社会知识。社会实践是大学里的"必修课"，课堂不仅在教室、校园，更在广阔的天地。犹记得大学里的许多"第一次"：第一次暑期实践，与同伴一起调研社会问题；第一次专业实习，尝试把所学知识运用到工作中；第一次出国交流，培养更广阔的眼界……这些经历曾让来自小城市的我不仅学到知识，更收获社会实践的经验、团队合作的能力、积极向上的品格。

对大学生而言，丰富的实践活动是提升自我的良好平台。要多抓住机会，用脚步丈量祖国大地，用眼睛发现中国精神，用耳朵倾听人民呼声，用内心感应时代脉搏，在实践中学真知、悟真谛，加强磨炼、增长本领。

大学，还是放飞梦想、追逐梦想、实现梦想的地方。对一些同学而言，考上大学曾是过去求学阶段的目标。但实际上，进入大学只是一个新起点。要树立远大志向，保持初生牛犊不怕虎的劲头，敢试敢为，把更多的理想变为现实。

志之所趋，无远弗届，穷山距海，不能限也。大学里，一个人可以走到多远的地方？2022年"最美大学生"的事迹，展现了青年人的潜能：来自太原理工大学的王煜尘，怀揣科研报国的理想信念，成为中国极地科考史上在站时间最长的大学生；中国科学技术大学的邓宇皓，把青春奋斗融入祖国的科技事业，在"九章"和"九章二号"光量子计算原型机的研制中作出突出贡献；上海应用技术大学的陆亦炜，曾获世界技能大赛花艺项目世界冠军，坚定走技能成才技能报国之路……这也启发我们，只有把自己的小我融入祖国的大我、人民的大我之中，与时代同步伐、与人民共命运，才能更好实现人生价值、升华人生境界。

"现在，青春是用来奋斗的；将来，青春是用来回忆的。"大学时光，承载了许多人最美好的青春记忆。又是一年夏天，一批毕业生走出校园，奔向远方；又有一批青年学子将背上行囊，从家乡出发，走进大学校门，开启新的生活。在大学里成长，在大学里收获，这段旅程将充满惊喜，充满发现。

（《人民日报》2023年7月23日第5版）

调查研究助力青年人更好成长

向子丰

调查研究是我们党的传家宝，是做好各项工作的基本功。青年人要重视调查研究，在学好书本知识、掌握专业技能的同时，还要掌握调查研究的本领，及时填知识空白、补素质短板、强能力弱项。

如何做好调查研究？习近平总书记强调，"改进调研方式，力戒形式主义、官僚主义""提高调研成果质量，切实把调研成果转化为解决问题、改进工作的实际举措"。青年人做调查研究既符合普遍性的规律，也有自己的特点；既有容易忽略的短板，也有自己的强项。应当进一步补弱项、缩差距、提质量，不断提高专业化水平，将调查研究落到实处。

做好调查研究，要坚持问题导向，增强问题意识，善于发现问题，勇于解决问题。由于经验不足，青年人在学习成长的过程中会遇到许多困惑。除了向书本寻求知识、向前辈寻求答案，还可以自己动手，开展有针对性的调查研究。近期，人民日报社40名青年采编人员赴河北省滦平县、河南省虞城县驻村蹲点调研半月。怎样全面推进"五个振兴"？产业振兴这个"重中之重"如何突破？巩固拓展脱贫攻坚成果的"底线任务"咋兜牢？带着这些问题，青年采编人员对乡村振兴有了更深入的理解，调研归来都纷纷表示收获良多。面对问题迎难而上，根据实际情况展开调查研究，往往会有意想不到的收获。

做好调查研究，要实地调查、深入研究，有机会就要多走出图书室、教研室、办公室，走向田间地头、企业车间、城市社区，倾听人民群众的声音。黄文秀担任广西壮族自治区乐业县百坭村驻村第一书记之初，走访当时的全村 195 户贫困户，绘制"民情地图"；甘肃省华池县原挂职副县长邱军，在初到华池的一个多月走遍了全县 15 个乡镇、75 个行政村，不仅理清了思路，还学会了当地方言；航天团队中的年轻人为了实现每一次飞行器试验的成功，即使试验结果只存在 1 毫秒的偏差，也要从根源上解决问题……调查研究要严谨，要科学，更要实干。"纸上得来终觉浅，绝知此事要躬行。"多多借助基层的力量，可以更好地学习和理解书本上的知识，形成行之有效的好做法、好经验。

做好调查研究，要掌握好方法，制定切实的调查方案，让调研取得扎实的成效。当下的年轻人，尤其是互联网时代的青年，是伴随着网络发展成长起来的一代人。因此，除了掌握传统的调查研究方法外，还应利用好网络渠道，做好新条件新形势下的网络交流互动，利用网上问卷、视频连线、大数据分析等新方法进行沟通传播和分析总结，把线上和线下调研有机结合起来，提高调研效率，更深刻、充分、有效地反映问题和群众意愿。

习近平总书记日前在内蒙古考察时强调要"大兴务实之风"。青年人更要俯下身子、扎根一线，扎扎实实地做调查，勤勤恳恳地搞研究，多到困难多、群众意见集中、工作打不开局面的地方和单位调研，真正把情况摸清、把问题找准、把对策提实，在调查研究中不断提高工作本领。

（《人民日报》2023 年 8 月 6 日第 7 版）

充分发挥生力军和突击队作用

徐 隽

近日，我国局地遭遇超强台风登陆，暴雨洪涝多发重发，部分江河流域发生较大洪水，面对强降水造成的险情、汛情，广大团员青年冲得出来、顶得上去，奋战在防汛救灾的第一线。在北京房山，水务、公路等部门组织 46 支青年突击队，共计 995 名青年，投身人员疏散、物资转运、灾害预警等防汛工作；在河北涿州，团中央青年志愿者行动指导中心赶赴一线指导建立涿州市青年志愿者社会应急力量现场协调中心，积极引导社会组织和志愿者科学精准做好灾害应对；在天津，团员青年深入辖区，重点排查低洼区域，重点关注独居老人、残疾人等弱势群体……广大团员青年落实党中央有关决策部署，发扬"党有号召、团有行动"的优良传统，充分发挥生力军和突击队作用，在抢险一线贡献青春力量。

"青年人有理想、敢担当、能吃苦、肯奋斗，中国青年才会有力量，党和国家事业发展才能充满希望。"习近平总书记在同团中央新一届领导班子成员集体谈话时强调，共青团要坚持围绕中心、服务大局，主动对接国家重大战略和重大任务，组织动员广大青年立足本职岗位，积极投身中国式现代化建设，在科技创新、乡村振兴、绿色发展、社会服务、卫国戍边等各领域各方面工作中争当排头兵和生力军，展现青春的朝气锐气。

党的十八大以来，广大团员和青年听从党和人民的召唤，在脱贫攻坚一线摸爬滚打，在疫情防控战场逆行出征，在科技攻关前沿勇攀高峰，在抢险救灾火线冲锋在前，在奥运竞技赛场奋勇争先，在祖国边防哨卡日夜守卫，在党和人民最需要的时刻豁得出来、顶得上去，用青春的激情奏响了"清澈的爱、只为中国"的时代强音，用青春的行动践行了"请党放心、强国有我"的铮铮誓言。

党的二十大擘画了全面建设社会主义现代化国家、以中国式现代化全面推进中华民族伟大复兴的宏伟蓝图。当代青年的成长期、奋斗期与全面建设社会主义现代化国家、以中国式现代化全面推进中华民族伟大复兴的伟大进程高度重合，肩负的使命无比光荣、担当的责任艰巨繁重。

实现强国建设、民族复兴宏伟目标，不可能一片坦途，既要较量物质实力，又要比拼精神力量，既检验青年能力素养，又考验青年意志品质。广大青年要增强历史责任感和使命感，激发强国有我的青春激情，在强国建设、民族复兴伟业中勇当先锋队、突击队。拿出乘风破浪、勇往直前的豪气，明知山有虎、偏向虎山行的胆气，披荆斩棘、除旧布新的锐气，拼搏奉献、担当奋斗，让青春在强国建设、民族复兴的火热实践中绽放绚丽之花。

当前，受灾地区已经进入生产恢复和灾后重建关键阶段，青年是重建家园的生力军、突击队。广大青年要迎难而上、携手重建家园，以跟党冲锋、挺膺担当的实际行动，书写无愧于时代的青春答卷。

（《人民日报》2023 年 8 月 20 日第 5 版）

以青春力量勇攀科技高峰

丁雅诵

今年 7 月，习近平总书记在江苏考察时，看到企业研发人员都是年轻人，十分欣慰。总书记说，国家现代化建设为年轻人提供了广阔舞台，大家正当其时，要把握历史机遇，大显身手，勇攀科技高峰，将来你们一定会为自己对民族复兴所作的贡献而自豪。

在前不久揭晓的第五届"科学探索奖"获奖名单里，48 位青年科学家榜上有名。他们的科研经历，展现了立志高远、脚踏实地、勇于创新、攻坚克难等优秀品质之于科研的重要作用，也生动地诠释着何为"创新的制高点在科技，科技创新的希望在青年"。

国家所需，青年所向。科技创新的征程中，年轻人应该向哪里冲锋？破解锂硫电池应用关键瓶颈的北京理工大学教授黄佳琦说，"国家新能源产业的发展需求，让我有信心克服前进路上的千难万险"；不断突破医学影像分辨率极限的浙江大学教授吴丹说，"我的成长，和中国磁共振成像产业的成长同频共振"……事实证明，聚焦国家发展战略和人民美好生活需要，把自己的理想同祖国的前途、把自己的人生同民族的命运紧密联系在一起，有理想、敢担当、能吃苦、肯奋斗，青春才会闪光。

工贵其久，业贵其专。在攀登科技高峰的道路上，脚踏实地，一步一步往前走，甘坐"冷板凳"，是必备的品质。为了捕获自由电子激光，中国科学院上海光学精密机械研究所研究员王文涛历经了多年尝试。最后一次相关实验，连续奋战 10 多个小时后，王文涛提议，再坚持半小时。正是在这多坚持的半小时里，王文涛和团队终于看到了孜孜以求的光亮。科研事业尤其需要十年磨一剑的韧劲，只有以"一辈子办成一件事"的执着，攻关高精尖技术，一点一滴拼、踏踏实实干，才能行稳致远、成就梦想。

拥有一大批创新型青年人才，是国家创新活力之所在，也是科技发展希望之所在。近年来，越来越好的科技创新氛围，为青年科技人才竞相涌现提供了更加广阔的空间。前不久，中共中央办公厅、国务院办公厅印发《关于进一步加强青年科技人才培养和使用的若干措施》，提出支持青年科技人才在国家重大科技任务中"挑大梁""当主角"。国家重大科技任务、关键核心技术攻关和应急科技攻关大胆使用青年科技人才，鼓励青年科技人才跨学科、跨领域组建团队承担颠覆性技术创新任务。这也将激励更多青年科技人才担当作为、潜心研究，在以中国式现代化全面推进中华民族伟大复兴进程中奉献青春和智慧。

青春从来系家国，时代总是把历史责任赋予青年。面向世界科技前沿和国家重大需求，广大青年要牢记总书记嘱托，增强历史责任感和使命感，激发强国有我的青春激情，不断向更广更深的科学技术探索，把握历史机遇，发挥聪明才智，不负时代、不负韶华，以青春力量勇攀科技高峰。

（《人民日报》2023 年 9 月 3 日第 5 版）

在实干奋斗中实现人生价值

吴 丹

学生敬献鲜花，军人重温誓词，青年党员肃立默哀……日前，辽宁沈阳"九·一八"历史博物馆残历碑广场庄严肃穆，布满累累弹孔的巨大石碑如一部翻开的台历，将时间定格在 1931 年 9 月 18 日，无声诉说着 92 年前那段刻骨铭心的历史。

习近平总书记强调："爱国主义是我们民族精神的核心，是中华民族团结奋斗、自强不息的精神纽带。"无论是"名将以身殉国家，愿拼热血卫吾华"的年轻的左权，还是冰天雪地里与敌人周旋不怕困苦艰难奋斗之模范的杨靖宇，抑或是千千万万前赴后继、丹心报国的热血青年，爱国是他们内心最深层、最持久的情感。民族危亡之际，中国青年高举爱国主义伟大旗帜，众志成城、共御外侮，为民族而战，为祖国而战，为尊严而战。

青年的命运，从来都同时代紧密相连。新民主主义革命时期，青春是漫漫长征路上那一声坚定的"跟着走"，走向柳暗花明的胜利之路；社会主义革命和建设时期，青春是一穷二白下的艰苦奋斗，向科学进军，向困难进军，向荒原进军；改革开放和社会主义现代化建设新时期，青春是勇立潮头，作改革闯将，开风气之先。时代各有不同，青春一脉相承，进入中国特色社会主义新时代，广大青年应坚定理想信念，在矢志奋斗中赓续红色血脉，用实际行动践行"请党放心，强国有我"的铮铮誓言，汇聚起民族复兴的青春力量。

峥嵘岁月中，有一种信仰历久弥新。在黄土垒就的斑驳窑洞里，毛泽东同志以朴素但激动人心的语言，拨开了"亡国论""速胜论"的迷雾，洞见了胜利的未来。众多青年穿越封锁，奔赴延安，在茫茫黑夜中觅得光明。从抗战时期的"革命先锋"到新时代的"复兴栋梁"，一代代有志青年传承红色基因、赓续红色血脉，坚持爱国和爱党、爱社会主义的高度统一，生长出坚如磐石的赤诚信念，谱写出热情浓郁的青春华章。

复兴征程上，有一种力量生生不息。护佑高原百姓健康，"最美医生"索朗片多 12 年来一人一马，心中写下近 1300 人的"健康账册"；坚决回击暴力行径，"清澈的爱，只为中国"，解放军战士陈祥榕为保卫祖国边防，将生命永远定格在了 19 岁。在科研一线，量子科学团队平均年龄 35 岁，中国天眼 FAST 研发团队平均年龄仅 30 岁；在广袤田野，广大青年领办专业合作社、推广现代农业科技、壮大农村新产业新业态，在乡村振兴中展现才华。对新时代中国青年来说，热爱祖国是立身之本、成才之基，只有把青春的小我融入祖国的大我、人民的大我，自觉把浓浓爱国之情凝结为强国之志、报国之行，才能在实干奋斗中实现人生价值，以青春之我创建青春之家庭、青春之国家、青春之民族。

昭昭前事，惕惕后人；铭记历史，吾辈自强。新征程上，必然会有艰巨繁重的任务，必然会有艰难险阻甚至惊涛骇浪，新时代青年接过历史的接力棒，在强国建设、民族复兴伟业中勇当先锋，进一步激发强国有我的爱国热情，努力创造无负时代、无负历史、无负人民的青春业绩。

（《人民日报》2023 年 9 月 17 日第 5 版）

千里之行始于足下

张　璁

　　面临毕业或初入社会，有时我们都会有一点"着急"：要考到什么证、要达到什么学历、要找到什么工作、要拿到多少薪水……如同有一份必打卡的人生攻略，一步也不能错，否则就不能达成人生的最优解。然而，人生不是一场划定范围的考试，更没有关于未来的标准答案，当迎面撞上真实的世界时，无数的机遇和挑战铺展在眼前，一旦看不清、选不定自己的前路，我们有时就会感到困惑和挫折。

　　其实未来不在远方，赶路人脚下就是未来。抓住了当下，就是抓住了未来。

　　未来是人一步步走出来的。一时还把握不了未来，却又急切地想看清未来，这往往成为许多人"成长的烦恼"。实际上，从来都不存在人人适用的"成功模板"，偏离世俗所谓的"成功"标准也并非就不值得。一个人的成长过程，总是在对各种可能性的尝试中，努力寻找着一个最适合自己的角色，并以此活出属于自己的精彩人生。千里之行始于足下，应将目光聚焦做好眼前、手边的事上，踏踏实实工作，积累经验，增长才干，积跬步终能至千里，视野不断拓展，未来之路越走越开阔。

　　一代人有一代人的使命，一代人有一代人的担当。我们看到有的年轻人专注在大国重器的攻关上奋力攀登，有的年轻人投身到农村的广阔天地里大有作为，有的年轻人逆行在抢险救灾的第一线奋不顾身，有的年轻人坚守在国境海疆的最前沿保卫祖国……行动是青年最有效的磨砺，从科技创新到乡村振兴，从绿色发展到社会服务，无数的年轻人已经在强国建设、民族复兴的历史进程中确立正确的人生目标，为一生的奋斗打下基础。

时代潮流滚滚向前，青春姿态一脉相承。任何时候年轻人总是最有生气、最有闯劲的，再多的困难都会化成成长的历练，再多的险阻都可能是开拓新局的契机。正如钢铁需要"淬火"才能获得更高的硬度和韧性，如果一个年轻人的成长必然要经历"苦其心志，劳其筋骨，饿其体肤，空乏其身"，那也是因为"天将降大任于斯人也"。不要让任何人告诉你理想不可能实现，你要做的就是用自己的行动去创造自己的未来。青年犹如大地上茁壮成长的小树，总有一天会长成参天大树，撑起一片天。青年又如初升的朝阳，不断积聚着能量，总有一刻会把光和热洒满大地。

（《人民日报》2023 年 10 月 29 日第 6 版）

在基层沃野施展青春才干

魏哲哲

"书卷气和泥土味并存，把地种出了科技范儿！"不久前，一段女大学生王伶俐毕业返乡种地 8 年的视频引发网友点赞。在这位来自四川成都的农业职业经理人手中，农业耕种变得更加机械化、智能化了。

有文化、懂技术、善经营、会管理，如今，新农人成了很多年轻人追逐的"时髦"职业。越来越多像王伶俐这样的年轻人选择跳回"农门"，到基层一线去担苦、担难、担重、担险，在乡村振兴的"赛道"上释放青春活力。

奋斗是青春的底色，到艰苦地区和基层一线挥洒汗水、拼搏奋斗，这是最美的青春模样。乡村振兴、科技创新、教育强国……党和国家事业发展为青年实现理想、施展抱负提供了广阔舞台。青年人唯有担当实干，肯吃苦、能吃苦，勇于到艰苦环境和基层一线拼搏奋斗，才能托举青春梦想，无愧于时代。

基层是干事创业、实现梦想的火热疆场，青年人要在广袤的基层沃野施展青春才干，从竭诚为民和实干担当中找到人生价值。办理法律援助案件 300 余件，提供法律咨询 2000 余次，代写法律文书 1000 余份……这是青年律师刘沫含援藏 3 年的成绩单。几年前，刘沫含了解到西藏还有部分边远地区和高海拔县没有律师，她第一时间响应号召，来到日喀则市法律援助中心工作。3 年后，她又连续两年参加中国法律援助志愿者行动，参与援疆工作。刘沫含说："援藏援疆是坚定而无悔的选择，我深深体会到了法治的意义、个人的价值。"

青年是整个社会力量中最积极、最有生气的力量。新征程上，时代呼唤更多有情怀、有抱负、有才华的青年人向下扎根，将个人奋斗的"小目标"融入党和国家的"大蓝图"，实现人生价值、升华人生境界。

向下扎根，才能更好地向上生长。"学如弓弩，才如箭镞。"青年时期是汲取知识、增长才干的重要时期，须将学习当作一种责任、态度和习惯，在奉献中打好扎实的基本功，不断汲取养分、茁壮成长。"键对键"代替不了"面对面"，基层一线也是学习课堂，青年人既要多读"有字之书"，也要把田野热土当作广阔课堂，多读"无字之书"，走进乡土中国深处，去田间地头"接地气""沾泥土"，夯实专业技能、丰富知识储备，在实践中激发潜能、积累经验，做到厚积薄发、行稳致远。不少青年干部在驻村时，在调研学习上肯下笨功夫，行走大地，走村串户，与群众打成一片，帮助村民实实在在地解决急难愁盼问题，在此过程中收获了成长，赢得了尊重。

青年兴则国家兴，青年强则国家强。国家的发展进步，要靠广大青年挺膺担当。我们欣喜地看到，在强国建设、民族复兴的新征程上，正涌现出越来越多有理想、敢担当、能吃苦、肯奋斗的新时代好青年，也期待更多年轻人奔赴基层一线，用脚步丈量祖国大地，用真情感受时代脉搏，用实干成就精彩人生，努力让青春在全面建设社会主义现代化国家的火热实践中绽放绚丽之花！

（《人民日报》2023年12月24日第5版）

培养用好青年科技人才

李龙伊

　　C919 大飞机实现商飞，国产大型邮轮完成试航，神舟家族太空接力，"奋斗者"号极限深潜……正如习近平主席在二〇二四年新年贺词中深刻指出的："经过久久为功的磨砺，中国的创新动力、发展活力勃发奔涌。"

　　青年科技人才是我国科技创新发展的生力军。放眼神州大地，随处可见广大青年科技人才在创新之路上奋勇前行的身影：国家重点研发计划参研人员中，45 岁以下占比达 80% 以上；北斗导航、探月探火等重大战略科技任务的许多项目团队，平均年龄都在 30 多岁；在人工智能、信息通信等新兴产业领域，优秀青年科技人才成为技术创新的主力……他们奋战在科技创新前沿阵地，取得丰硕成果，为加快实现高水平科技自立自强注入青春力量。

　　成如容易却艰辛。翻开我国科技事业的发展史，一代代青年科技人才在创新之路上前赴后继、攻坚克难，不断取得新的突破。犹记得 11 年多前，歼—15 舰载机首次实现在航母上起降，研制现场总指挥罗阳却倒在了岗位上。此后不久，一群年轻人凝聚在一起，组成中国航空工业集团沈飞"罗阳青年突击队"，一茬茬队员们传承罗阳的精神，接续奋斗，在科技创新最前沿踔厉奋发、爬坡过坎，为大国重器研发贡献力量，助力越来越多先进的国产航空装备展翅高飞。

　　青年是常为新的，最具创新热情，最具创新动力。青年科技人才处于创新创造力的高峰期，是国家战略人才力量的重要组成部分。培养用好青年科技人才，对加快实现高水平科技自立自强，建设科技强国和人才强国意义重大。去年，中共中央办公厅、国务院办公厅印发了《关于进一步加强青年科技人才培养和使用的若干措施》，提出支持青年科技人才在国家重大科技任务中"挑大梁""当主角"，给青年科技人才搭起了更广阔的舞台。

梦在前方，路在脚下。人类的美好理想，都不可能唾手可得，都离不开筚路蓝缕、手胼足胝的艰苦奋斗。"板凳须坐十年冷"，从钱学森、邓稼先到袁隆平、屠呦呦，再到钟扬、万步炎，一位位为党和国家事业作出巨大贡献的科学家，都是带着逢山开路、遇水架桥的精神刻苦钻研，才取得巨大成就。青年科技人才只有像他们那样，从基层沃土里汲取养分，在风霜洗礼中茁壮成长，才能成长为可堪大用、能担重任的栋梁之才。

踏平坎坷，方成大道。2023年中央经济工作会议部署了做好2024年经济工作的9项重点任务，其中第一项就是"以科技创新引领现代化产业体系建设"。行进在强国建设、民族复兴的新征程上，广大青年科技人才要挺膺担当、不辱使命，敢于做先锋，而不做过客、当看客，在创新创造中百折不挠、勇往直前，努力在基础研究、重大项目、重点工程中刻苦攻关，加快突破关键核心技术，抢占未来科技和产业发展的制高点，让青春在创新创造中焕发光彩！

（《人民日报》2024年1月7日第5版）

坚定文化自信　贡献青年力量

易舒舟

　　当前，"国风国潮"在青年群体中流行，用舞蹈演绎《千里江山图》的舞剧《只此青绿》一票难求；越来越多的青年穿着传统服装自信地行走街头，俨然服饰新时尚；博物馆里随处可见的青年身影；在网络社交平台上，更有年轻人自发组成兴趣小组，抒发自己对传统文化的那份热爱……

　　是什么让传统文化在青年群体中如此"燃"？青年对"国风国潮"的偏爱背后，正是坚定的文化自信。新一代青年群体出生成长于中国经济社会高质量发展的时代，他们看见了中国在世界舞台上扮演越来越重要的角色，丰富多彩的中华文化古老而青春、传统而现代，中华民族几千年光辉灿烂的文明令人骄傲和自豪。没有高度的文化自信，没有文化的繁荣兴盛，就没有中华民族伟大复兴。青年人作为国家和民族的希望，热爱传统文化、坚定文化自信，自立自强、拼搏奉献，定能为强国建设、民族复兴伟业注入强大精神力量。

　　中华文化有着无比深厚的底蕴和持久深厚的力量，需要用心学习、静心品读，从中汲取精神的力量。有的人有时对传统文化了解不深，容易停留在表面：他们被热闹的文化活动吸引，走马观花，仅热衷"打卡""晒图"。故宫博物院收藏的文物中，陶瓷类文物是故宫器物藏品中的第一大门类，很多青年人慕名参观陶瓷馆。但如果没有一定知识储备，不了解中国瓷器文化，孤立地看每一件展品，很难读懂展品背后蕴含的丰富历史文化信息，也很难感受到中国瓷器文化对世界文明的贡献。参天之木，必有其根；怀山之水，必有其源。中华文化源远流长、博大精深，青年人只有把学习中华文明的历史知识与自己喜爱的文化活动相结合，在深入阅读经典古籍、鉴赏优秀文艺作品、学习文化名家论著的过程中汲取优秀传统文化的力量，才能在坚定文化自信中谱写新时代青年的青春答卷，更好地担负起新的文化使命。

文化兴则国运兴，文化强则民族强。青年兴则国家兴，青年强则国家强。青年人热爱优秀传统文化，还要发扬敢为人先、勇于创新的精神，结合自己的所学所长，积极推动中华优秀传统文化创造性转化、创新性发展。甘肃省张掖市甘州区非遗保护中心青年职工徐宁将川剧艺术与杖头木偶戏相结合，他翻阅书籍资料、求助川剧老师、请教本地民俗专家与传统艺人，借用真人变脸、喷火等原理，为木偶增设了 10 多处机关装置，为非遗文化增添了新魅力。青年人有想法、爱创新，可以多运用新理念、新手段、新技术、新话语赋予中华文化更鲜活的生命力，从而更加积极地投身到传承中华优秀传统文化的行列中去。

（《人民日报》2024 年 1 月 21 日第 5 版）

以青春之名　赴家乡之约

吴　月

　　大学生的寒假作业是什么？上海对外经贸大学开展"笔触绘乡情"活动，鼓励学生用画笔记录春节的美好瞬间，展现家乡的风土人情；安徽农业大学的农学生们走进田间地头、农业生产一线，增强对农业的认识；北京科技大学的同学们依托家乡的红色资源，重走红色足迹、挖掘红色故事……

　　这个寒假，返乡参加社会实践成为许多大学生的选择。高校积极动员、各地主动对接，为学生实践搭建了广阔舞台。

　　穷理以致其知，反躬以践其实。用青春完成这份特殊的作业，学生们收获颇丰。

　　对许多大学生而言，返乡实践是"重新发现家乡"、接受教育的过程。离家求学再归来，熟悉的地方亦有风景。家乡日新月异的变化中，隐藏着经济社会发展的"密码"：参观企业，可感受产业发展的澎湃动能，了解用人需求、明确个人发展方向；走入故乡山川，在饱览美景的同时，感悟绿水青山就是金山银山；沿着乡间小道，走进乡土中国深处，感受乡村振兴的成果；春节期间，家人团聚、灯火可亲，还可在与亲戚朋友的交谈中，了解身边人的所思所想、所愿所盼。

　　扎根中国大地、了解国情民情，是青年人的"必修课"，返乡社会实践提供了很好的机会。关注时代、关注社会，不妨从关注身边人、身边事做起，从家乡的发展变化中深刻理解把握时代潮流和国家需要，为未来成长成才打下坚实基础。

除了受教育，对大学生而言，返乡社会实践也是增长才干的过程。今年寒假，一些地方因需设岗、按岗招人，为返乡大学生提供了实习实践岗位。在广西马山县，226 名大学生报名到县里的 106 家单位开展社会实践；在甘肃天水市秦州区博物馆，西北师范大学历史学专业的学生担任了实习讲解员，将所学知识运用到实际工作岗位中。

学习是成长进步的阶梯，实践是提高本领的途径。青年人既要多读有字之书，也要多读无字之书，社会实践便是学习人生经验、社会知识的重要载体。寒假期间，返乡大学生离开校园，但学习的机会随处可见。要深入基层、深入群众，在社会的大学校里掌握真才实学，在实习工作中增长才干、练就本领。

返乡实践，还为大学生提供了为家乡作贡献的机会。在云南临沧市凤庆县勐佑镇高山村，返乡大学生为村里的小朋友们开设兴趣爱好小课堂，开展音乐、美术类活动；在湖南嘉禾县的步行街上，返乡大学生普法志愿者开展普法宣传活动，讲解普法宣传册、提供法律咨询。志愿服务、开发文创、宣传家乡……用青春力量为家乡发展添砖加瓦，返乡大学生大有可为。

到基层中去、到实践中去、到人民中去，才能真正知道所学的知识如何去发挥、如何去为社会作贡献。或许，仍在求学阶段的大学生的力量相对有限，但切实感受家乡的发展变化和人才需求，能够在他们心中播下热爱家乡、服务家乡、建设家乡的种子。今天，青年人在实践中学真知、悟真谛，加强磨炼、增长本领；未来，他们将以真才实学服务人民，以创新创造贡献国家。

（《人民日报》2024 年 2 月 15 日第 5 版）

让勤奋学习成为扬帆远航的动力

易　舟

近段时间，越来越多年轻人选择了上夜校的生活方式。沉浸式学习某种知识技能，探索人生更多可能性，越来越多的年轻人在夜校找到了学习本身的幸福感。

事实上，从各地"一课难求"的夜校，到打通公共文化服务"最后一公里"的社区图书馆，再到 24 小时营业的城市书店，都折射出人们日益增长的学习热情，学习已经成为当代青年的一种精神追求、生活方式。

如今，知识更新不断加快，社会分工日益细化，新技术新模式新业态层出不穷，这既为青年施展才华提供了广阔舞台，也对青年的能力素质提出了新的更高要求。青年处于人生积累阶段，需要像海绵吸水一样汲取知识，不断提高与时代发展和事业要求相适应的素质和能力，使自己的思维视野、认知水平跟上时代发展的步伐。

立身百行，以学为基。青年时期学识基础厚实不厚实，影响甚至决定自己的一生。广大青年要如饥似渴、孜孜不倦学习，保持一股持之以恒的韧劲，在学习阶段把基石打深、打牢，才能为青春蓄满能量。

除了学习书本知识，还要注重实践经验的学习。既多读有字之书，也多读无字之书，坚持知行合一，注重在实践中学真知、悟真谛，加强磨炼、增长本领。中国农业大学科技小院的学生们走进乡土中国深处，将实验室搬到田间地头，让实验室里的科研成果在广袤田野落地生根；

80后"新农人"魏巧，靠自身所学和一股子拼劲，返乡创业成为数字化大田种植的行家里手，带领乡亲们走上致富路……广大青年带着理论知识寻找实践坐标，坚持学以致用，深入基层、深入群众，在社会的大学校里，掌握真才实学，增益其所不能，努力成为可堪大用、能担重任的栋梁之材。

坚持富有探索精神的学习，下一番苦功夫，在学习中创新，在总结经验中提高，方能练就过硬本领。今年1月，首艘国产大型邮轮"爱达·魔都号"圆满完成商业首航，背后是中国船舶集团上海外高桥造船有限公司大型邮轮项目设计青年团队的默默付出。团队成员王高帅说："当时国内资料有限，每次一拿到资料，大家就分组学习，再通过交流汇报的方式进行总结。"从零经验摸着石头过河，到学习吸收再创造，青年团队见证了一张张图纸变成一艘巨轮，该团队也获评一星级全国青年文明号。青年人在学习中增长知识、锤炼品格，在工作中增长才干、练就本领，才能不辱时代使命，不负人民期望。

梦想从学习开始，事业靠本领成就。人的潜力是无限的，只有在不断学习、不断实践中才能充分发掘出来。广大青年唯有勤学苦练、增长才干，让勤奋学习成为扬帆远航的动力，让增长本领成为青春搏击的能量，在报效国家、服务人民中展现风采、实现价值，方能不负青春、不负时代。

（《人民日报》2024年2月18日第5版）

让青春拥有更多可能

姜 洁

　　近一段时间，越来越多青年参加职业技能培训，学技能、学实操、考证书，为自己的职业生涯拓展新空间。他们作出这样的选择，或出于兴趣，或为转换职业赛道，让自己的未来可以有更多元的选择。

　　青春，人生中最美好的时光，也是最宝贵的财富。在这个年龄段，青年充满了无限的希望和憧憬，有着无比的激情和勇气，拥有着无限的可能性。跑好实现中国梦的历史接力赛，在新时代广阔天地中建功立业，需要广大青年永葆朝气蓬勃的精神风貌，勇于拓宽人生的赛道，让青春拥有更多可能，勇做走在时代前列的奋进者、开拓者、奉献者。

　　让青春拥有更多可能，首先要有不拘一格的勇气。越来越多的青年人拥抱职业教育，生动而鲜活地折射出当今社会一个鲜明的特征——知识技能融合发展已经成为不可阻挡的时代潮流。这就要求广大青年把终身学习当成一种常态，努力成为知识与技能兼备的应用型、创新型、复合型人才，补齐技能短板，从而在今后投身社会时更好地发挥作用、实现价值、赢得尊重。

　　让青春拥有更多可能，还要对自己选择的事业拥有一腔热爱。三百六十行，行行出状元。干一行、爱一行，钻一行、精一行，在平凡的岗位上也能成就不平凡的业绩。技能成就梦想，奋斗改变人生。近年来，越来越多劳动者走上技能成长成才之路。高技能人才的身影活跃在各行各业，靠绝技绝活开辟事业舞台，发挥个人价值。只要在工作岗位上全力以赴、精益求精，练就一身真本领，每个人都能收获属于自己的精彩人生。

让青春拥有更多可能，还要经得住挫折的考验。到广阔天地里打拼，注定要经受更多风雨。当今社会转型加速，机遇与风险并存，有知识技能缺人生历练，有创意想法缺创业本钱，都可能让年轻人在走入社会后遭到挫折。这需要年轻人对坎坷估计得更充分一些、对风险思考得更深入一些，不因过去的成绩而沾沾自喜，不因今天的困难而妄自菲薄，保持奋斗的韧劲勇往直前，才能在风雨后见到彩虹，成长为堪当民族复兴重任的时代新人。

一代人有一代人的际遇，一代青年有一代青年的使命。新时代的中国青年，生逢其时、重任在肩，施展才干的舞台无比广阔，实现梦想的前景无比光明。广大青年要立志做有理想、敢担当、能吃苦、肯奋斗的新时代好青年，大胆探索、不断创新，力争在青春赛道上跑出当代青年的最好成绩。

（《人民日报》2024年3月3日第5版）

坐热"冷板凳"

李昌禹

时而潇洒一笑，时而英气逼人，仿佛从书卷中走出的倜傥公子，舞台上的浙江小百花越剧团演员、90后小生陈丽君，不久前凭借在越剧《新龙门客栈》中纯熟的演技火出了圈。

面对突然的爆火，陈丽君在接受采访时说，"越剧的舞台不大，主要的人物就一两个，不知道什么时候轮得到自己。就为了热爱两个字，才愿意在这里坐冷板凳、坚持着。"过去学戏的18年里，别人在休息时，她时常还在压腿、下腰、练台步，为台上呈现的那一刻做准备。这种把冷板凳坐热的精神，令人赞赏。

年轻人处于事业的成长期，难免会遭遇在一段时期内坐冷板凳的状况。有的人能够泰然处之，耐得住寂寞、忍得了冷清、沉得下心境，把冷板凳坐得有温度、有宽度、有高度；有的人则不愿、不敢、不屑坐冷板凳，吃不得苦，受不得累，只想做看得见、摸得着的事，不愿做打基础、利长远的事，在拈轻怕重中蹉跎岁月。

愿意坐冷板凳，凭的是一种心境。有执着的信念、超脱的心态，方能将冷板凳坐得住、坐得稳。"国家的需要，就是我的志愿"，"敦煌女儿"樊锦诗从大学毕业起就扎根大漠，几十年如一日，静心笃志、潜心研究敦煌文物；"杂交水稻之父"袁隆平为实现"让杂交水稻覆盖全球"的梦想，一辈子致力于杂交水稻技术的研究、应用、推广。他们在冷板凳上一坐就是大半辈子，长期默默无闻、鲜为人知，却能淡泊名利、潜心做事，这种可贵可敬的品质，堪称年轻人的标杆。

不怕板凳坐不热，就怕板凳没人坐。那些心态浮躁，动辄为名所困、被利所惑，或受杂念所累、为外物所扰的人，是坐不了冷板凳的，更遑论把冷板凳坐热。

冷板凳要坐热，往往有一个漫长的过程，要有稳扎稳打、久久为功的恒心毅力。中国科学院院士葛均波曾表示，每一项国家科技奖背后，都是科学家们平均16年的"坐冷板凳"。坐定了冷板凳，便没有捷径可走，在日积月累中厚积薄发，才是把板凳坐热的不二法门。有的人当初愿坐冷板凳，也能坐冷板凳，可时间一长，经不起困难和挫折的考验，日渐失去昔日奋进、拼搏的斗志，沦为熬资历、混日子的"老板凳"，"做一天和尚撞一天钟"，终归无所成就。

其实，坐热冷板凳的过程，也是一个潜心修为、提升自我能力的过程，坐冷板凳不等于苦熬苦等，苦中亦有乐。著名的京剧表演艺术家盖叫天最能练苦功，他8岁学戏，70多岁高龄时，仍夏练三伏、冬练三九，从不间断。但他的苦功，不仅在于千锤百炼，还在于他苦用心思：看到香炉里轻烟飘动，他就联想到舞蹈姿态的舒展自然，看到雄鸡格斗，他就联想到精神抖擞的舞蹈身段。高空苍鹰的昂然英姿，风吹树动的优美姿态，都是他揣摩身段动作的灵感来源。这种用心揣摩、长期苦练的精神，至今仍是后辈青年人学习的楷模。

"板凳要坐十年冷，文章不写一句空。"说的虽然是做学问，但做人做事的道理大抵如此。坐得住冷板凳，才换得来"热沙发"。能够把冷活做实、冷事做热、冷门做火，练就看家本领，久久为功，时间自然会让成功热情而至。

（《人民日报》2024年4月14日第5版）

文旅融合发展，澎湃青春力量

程　龙

　　淄博烧烤出圈，"组团到淄博吃烧烤"等话题热度不减；"尔滨"文旅火热，冰雪旅游成为"顶流"；甘肃天水麻辣烫走红，"一碗麻辣烫带火了一座城"……近来，一股股文旅新风潮的兴起，都离不开年轻人的"热捧"。青年群体在这股文旅新风潮中，既是重要的旅游群体、创新群体，又是传播群体，在文旅融合发展中彰显着蓬勃的力量。

　　青春力量让文旅融合发展更有流量。从淄博到哈尔滨，从频频冲上热搜的"村 BA"到人头攒动的大唐不夜城……这些火爆出圈的文旅话题，最开始的热度都发酵于社交媒体，背后离不开年轻人的热情互动与积极分享。年轻人沉浸式享受"在路上"，并通过图文、短视频等独具青春创意的方式讲述自己在旅游中的个性化体验与收获，生动地展现城市之美、生活之美。年轻人更具"网感"的独特玩法，通过小屏幕展现大世界，呈现青年群体共通的喜好与诉求，更加适应网络传播，能够赢得更为广泛的共情与共鸣。"网络流量先于客流量抵达"，正是年轻人的"打卡""种草"，为一些冷门景点、小众项目写下最生动的注脚，成功带热了一批名不见经传的城镇、村寨，带火了攀岩、露营等新兴旅游项目。这也进一步拓展了旅游的场景和业态，助力文旅融合不断创新发展。

　　青春力量让文旅融合发展更具活力。各大博物馆推出"考古盲盒"，在年轻群体中掀起一股"博物馆热"；敦煌研究院年轻的数字化团队，推陈出新，让敦煌文物活起来；苏州丝绸博物馆将庞大的馆藏资源转化为数据资产，开发相关动漫衍生品、文创产品等，深受年轻人喜爱……青年是社会上最富活力、最具创造性的群体，是推动实现中华优秀传统文化创造性转化、创新性发展的重要力量，在推动文旅深度融合发展方面具有天然的优势。当下，越来越多的年轻人成为传承弘扬中华优秀传统文化的生力军，也有越来越多的年轻人成为人工智能、虚拟现实等创新科技的领军者。从"非遗＋旅游"到"文创＋旅游"，再到"AI＋旅游"，年轻人擅长将传统文化、现代科技等元素与旅游市场相结合进行创新表达，不断开拓文旅融合发展的新领域，为文旅产业注入新的活力。

广大青年是文旅融合发展的重要参与者、积极推动者。不管是在网络上做"义务宣传员"，为家乡旅游发展摇旗呐喊；还是为游客介绍当地特色美食，让游客感受到一座城市的真诚与热情；抑或是直接投身文旅相关工作岗位，打造爆款文创产品，每个年轻人都可以通过自己力所能及的作为，支持、参与文旅融合发展。

以文塑旅、以旅彰文，推动文旅深度融合发展，为广大青年搭建了施展才华、展现创意的平台。广大青年发挥独特优势，贡献青春力量，定能乘着文旅市场强劲复苏的春风大有作为。

（《人民日报》2024 年 5 月 12 日第 5 版）

行稳致远方为成才之道

吴储岐

　　"那个 6 岁时躺在山坡放牛'牧星'的孩子，36 岁时真的去天上'摘星星'了！"不久前，我国首位执行载人飞行任务的载荷专家、85 后航天员桂海潮，凭着为我国载人航天事业建立的卓著功绩，被授予"英雄航天员"荣誉称号。

　　桂海潮出生在云南农村，从北京航空航天大学毕业后，一直在大学从事科研工作，没有空中飞行经验。为了入选航天员，他艰苦训练、历经重重考核，在一开始的转椅训练中，为了克服冒虚汗、恶心、头晕等不适反应，他每天加练 20 分钟"打地转"，一只手抓着另一侧耳朵原地旋转。就这样，练习了一段时间后，他的训练成绩达到了一级，最终光荣入选神舟十六号乘组。桂海潮的励志故事，诠释着立志逐梦的力量，激扬着新时代青年的精气神。

　　青年若要成才，行稳方能致远，"吃苦"是必经之路。今天，"吃苦"并非指吃"缺衣少食"的物质之苦，更多是指吃精神之苦、意志之苦。比如，在科技攻关的关口，为了解决"卡脖子"技术难题，甘坐冷板凳；在抢险救灾的前线，为了人民群众生命财产安全，冲锋陷阵、不怕牺牲；在保卫祖国的边疆，为了国家安全和民族利益，无畏无惧、用心守护……好儿女志在四方，有志者奋斗无悔。青年把人生志向转化为奋斗动力，把青春梦想扎根在祖国大地上，就能听到拔节成长的声音，看到雨后明丽的彩虹。

成才的意义不仅在于结果，更在于过程。人生没有所谓"白走的路"，路上的每一步都是对未来的铺垫。正如建一座大厦，每一块砖、每一粒沙都必不可少，唯有一砖一瓦用心建造，万丈高楼才会拔地而起。

在成才路途中，青年要正确对待名利，才能抵达理想的彼岸。正确的名利观会增强奋斗的动力，但过度追求名利则会利欲熏心，以至于忘记自己的初心，反被名利所累。青年好似早晨八九点钟的太阳，朝气蓬勃，正处在长本事、长才干的大好时期，肩负着祖国的未来、民族的希望，人生的追求应该更加崇高一些。"中国天眼"工程运行团队胸怀"国之大者"，扎根贵州深山；一批批青年教师跨越山海，奔赴祖国的边远地区，在最需要知识改变命运的地方，将青春奉献给乡村教育事业；"最美基层高校毕业生"获得者们在基层一线和艰苦边远地区摸爬滚打、建功立业，用实际行动诠释了"小我融入大我，青春献给祖国"的责任担当……

青年成才贵在有恒。"一万小时定律"，说的是持续在一个领域深耕一万个小时，每个人都有可能成为一个领域的专家。相反，如果心思不放在深耕岗位技能上，上个岗位还没熟悉就跳到下个岗位，看似忙忙碌碌、风风火火，结局很可能半途而废、一事无成。成才的诀窍不在巧，而在拙，最重要的是守住本心下苦功夫、下笨功夫。陈望道在翻译《共产党宣言》时将墨汁误当成红糖仍甘之如饴，鲁迅"把别人喝咖啡的时间"用来写作……青年要长真本事、真才干，就要找准自身定位，笃定心神勤修内功，踏实学习补齐短板，在擅长的领域深耕钻研，等待厚积薄发的时刻。

（《人民日报》2024年5月26日第5版）